EPITRE HISTORIQUE

DU

R. SCHERIRA GAON

Traduite de l'hébreu moderne-araméen et commentée
avec une introduction

PAR

L. LANDAU

Professeur de langues
Traducteur-juré près le Tribunal de 1re Instance

Longue rue Ruysbroeck, 46, Anvers

ANVERS.
Imp. Léon Bary, rue du Pélican.
1904.

A

Monsieur *VICTOR CHAUVIN*

Professeur à l'Université de Liège.

Hommage de respect et de reconnaissance

L. L.

INTRODUCTION

I.

N. B. Les chiffres qui figurent dans le texte, pourvus d'une astérisque, se réfèrent aux indications comprises dans l'Appendice.

Les juifs de la Palestine, durant les deux siècles qui précédèrent l'ère chrétienne et durant la période suivante, ne produisirent guère d'œuvres remarquables dans le domaine intellectuel. Ils se distinguèrent plutôt par le développement des Institutions religieuses. Le texte de la loi mosaïque était depuis longtemps établi ([1*]); aucun changement ne pouvait plus y être apporté. Il s'agissait surtout de formuler des préceptes pouvant servir de règle dans les nouvelles circonstances de la vie. Les auteurs de ces préceptes, des „ Halakhoth, „ se sont en partie laissé guider par ces circonstances, sans faire appel a l'enseignement biblique, et en partie par l'interprétation qu'ils donnaient du texte de la Loi sous forme du Midrasch ou de l'Exégèse a). Ces interprétations furent, la plupart, faites conformément aux „ sept règles „ , *Middoth*, que Hillel I fut le premier à formuler, mais qui étaient déjà appliquées avant lui, le nombre en étant subséquemment porté à treize puis même à trente-deux. ([2*])

Ces règles furent formulées par Hillel, probablement après qu'il eut été élu, cent ans avant la destruction du Temple b), Chef (Nassi) des gens de Bethéra c). Un „ Menachem „ lui fut adjoint. Mais celui-ci le quitta pour entrer au service du Roi d).

---

a) Mischna, *Sôta*, v, 2.
b) *Sabbath*, 15 d.
c) *Pessachim*, 66 a.
d) *Haguiga*, 16 b. Pal., *Hag.*, 77 d.

Il fut remplacé par Schammaï, qui devint juge supérieur, „ Ab-Beth-din „. Si leurs doctrines et leurs façons d'enseigner étaient assez concordantes (³*), une distinction existait cependant entre les idées professées par les deux écoles (⁴*) (Beth Schammaï et Beth Hillel), au point qu'on disait que la doctrine etait brouillée, pendant toute la durée des disputes entre ces deux écoles a).

Cette différence était surtout caractérisée par le fait que, tandis que l'école de Schammaï s'en tenait plus à la tradition et au texte de l'Ecriture, l'école de Hillel avait adopté une méthode plus scientifique. Elle n'acceptait la tradition qu'après l'avoir passée au crible de la raison. Elle avait aussi la tendance à apporter des adoucissements à la Loi, tandis que l'école de Schammaï l'interprétait avec plus de sévérité (⁵*). La douceur et la modestie de Hillel sont devenues proverbiales b), et son école était imprégnée du même esprit. En outre, comme elle exposait, à côté de sa doctrine celle de l'école rivale, elle sut souvent se laisser convaincre et adopter des atténuations à sa doctrine. On attribua son succès à cet esprit conciliant. De sorte que, lorsque l'école de Hillel eut pris un grand ascendant sur l'école de Schammaï — ce qui se produisit surtout sous son petit-fils Gamaliél, — on lui appliqua cet adage : " ceci doit nous apprendre que le Seigneur élève celui qui s'humilie et qu'il humilie celui qui s'enorgueillit ; que la grandeur se refuse à quiconque la recherche et qu'elle se confère à quiconque la fuit, que le bonheur échappe à celui qui le poursuit, et que les circonstances favorisent celui qui sait s'y soumettre " c).

Ce fut après Schammaï et Hillel que commença l'époque où dominèrent les docteurs de la Loi (Tannaïm). Ils reçurent en cette qualité le titre de „ Rabbi „ (mon Seigneur ou mon Maitre), et le „ Nassi „ (Prince, Patriarche), qui était ordinairement placé à leur tête, fut appelé „ Rabban „ (notre Maitre), Jochanan b. Zaccaï et Jonathan b. Ouziél appartenaient à l'école de Hillel ; tandis que Baba b. Boutha, Dostaï de Jethma et Zadok, qui furent moins célèbres, appartenaient à celle de Schammaï.

Le Progrès des études, dont l'initiative remonte à Hillel et

---

a) *Sanhédrin*, 88 b. et passim.

b) *Schabbath*, [illegible]

c) *[illegible]*, 13 [illegible]

Schammaï, a naturellement été grandement entravé par les troubles constants, les luttes des partis, les jalousies, les discordes, les trahisons, les perfidies et les assassinats. Aussi paraît-il tout naturel que l'on se soit plaint, peu de temps après la destruction du Temple, des atteintes qui furent portées à l'enseignement par tous ces désordres *a*).

Mais un homme, dominant le tumulte par la hauteur de sa pensée, sut préserver de l'anéantissement complet la nation juive vaincue et terrassée, en la conviant à l'étude de la doctrine juive. Ce fut R. Jochanan ben Zaccaï, cet homme qui devint le sauveur et le régénérateur de la race juive. C'était un disciple de Hillel, comme le fut aussi R. Gamaliél, l'aîné, petit-fils de Hillel, qui, le premier, prit le titre de Rabban et introduisit plusieurs dispositions qui mirent un terme aux abus auxquels donnaient lieu les divorces *b*). R. Jochanan, que son Maître appelait „ Père de la sagesse „ *c*), mérita bien ce qualificatif, dont il commença à se montrer digne lorsque le Temple existait encore. Il était dès lors entouré de nombreux disciples, venus à lui de près et de loin pour écouter son enseignement.

Durant le siège de Jerusalem, dont il aurait prévu, selon la légende, la destruction quarante ans d'avance *d*), il conseilla sans cesse de se soumettre aux Romains; il sut alors, aidé de deux de ses disciples, tromper la vigilance des Zélotes et quitter secrétement la ville. Il se rendit dans le camp des Romains, où il fut bien accueilli par Vespasien. Celui-ci, l'ayant prié d'exprimer trois souhaits, il lui accorda: la création d'une école à Jamnia (Jabné), ville située sur la côte de la Méditerranée; la vie du jeune Gamaliél, dont les Romains avaient exécuté le père, Simon; et des soins médicaux pour le pieux R. Zadok, dont la santé avait été ébranlée par le jeûne continuel *e*).

R. Jochanan s'étant fixé à Jamnia avec ses disciples, il présida personnellement les réunions, en vertu du respect dont il était

---

a) *Sôta*, 49 a.

b, *Guittin*, 32 et 34.

c) *Soucca*, 28 a.

d) *Yôma*, 39 b.

e) *Guittin*, 56 b et passim.

entouré, mais sans se faire conférer une dignité. Comme certaines
prérogatives s'y rattachaient, il déclara que le siège des autorités
législatives serait également celui de l'ancien Synhédrion, même
en cas de changement de résidence. Une de ces prérogatives
consistait dans le droit de sonner du cor le jour du Nouvel an
(Rosch-ha-Schana), lorsque celui-ci tombait un jour du Sabbat. Ce
même droit était conféré à toutes les localités environnantes,
d'où l'on pouvait entendre le son du cor et apercevoir le point
central, en même temps que s'y rendre sans difficulté le jour
même *a*). Jamnia devint ainsi pour les environs le foyer réligieux.
R. Jochanan rattacha aussi logiquement, au siège des autorités,
le droit de fixer la date de la nouvelle lune et des fêtes qui
en dépendaient, et il permit que les témoignages touchant la nouvelle
lune fussent reçus autrement qu'autrefois *b*) même en l'absence
du " chef de tribunal ", durant le trentième jour entier *c*). Les
témoins de la nouvelle lune des mois de Nissan et de Tischri
pouvaient aussi voyager le jour du Sabbat *d*).

Il prit encore d'autres mesures que les circonstances réclamèrent
e), et il donna l'exemple de l'observation sévère de la Loi *f*).
Certaines de ses paroles prouvent qu'il était en même temps
homme d'esprit et de bon sens. C'est ainsi que le fait lui ayant
été rapporté que des escrocs faisaient usage d'ustensiles creux pour
frauder la douane et tromper les acheteurs, il prononça ces mots :
" Il m'est pénible de devoir parler de choses semblables, et cependant je serais peiné si je devais me taire „ *g*).

Ses interprétations et explications des textes de la Bible dénotent
une tendance particulière. C'est ainsi qu'il justifiait de la façon
suivante la disposition légale qui veut que l'oreille soit percée à
l'esclave juif qui refuse sa liberté *h*) : " On punit l'esclave par

---

a) Mischna, *Rosch-ha Schana*, IV, 1.
b) Babli *R. ha*, 24 a.
c) *Id.*, 30 b; 31 b.
d) *Id.*, 21 b.
e) *Id.*, 30 a, *Sôta*, 40 a; *Kerithoth*, 9 a; *R. ha.*, 31 b.
f) Mischna, *Sanhedrin*, V, 2 et passim.
g) *Kelim*, XVII, 16.
h) *Ex.*, XXI, 5. 6.

l'oreille, parceque celle-ci a entendu cette parole que Dieu prononça au Mont Sinaï : 'car les enfants d'Israël sont mes serviteurs.' Or, cet homme s'abaisse au rang de serviteur d'un serviteur „ a).

Jochanan expliquait l'Ecriture sainte avec beaucoup de gravité b), mais répondait aux Saducéens par des interruptions ou par des sarcasmes c). L'aveu qu'il fit d'avoir oublié une Halakha, entendue et lue, témoigne de sa modestie d). Il a, dit-on, atteint le même âge que son maître Hillel, soit 120 ans e), et le peuple le tenait en grande considération. L'école de Jamnia ne fut pas ruinée par sa mort. Ses disciples, Eliézer b. Hyrkan, Josua b. Hananja, José le Prêtre et Simon b. Nathanél, enseignèrent dans différentes localités environnantes, tout en maintenant l'union avec Jamnia, qui, sous Jochanan, était dévenue une seconde Jérusalem. Sur les conseils de sa femme, son cinquième disciple, Elazar b. Arach, se retira à Emmaüs pour y enseigner indépendamment ; mais ceci ne lui réussit pas, car il n'eut pas d'adhérents.

Quelque marquantes qu'aient été l'activité de Jochanan b. Zaccaï et l'importance de ses décisions, son rôle ne fut cependant que celui d'un précurseur. En effet, la question principale que Hillel et Schammaï avaient soulevée cinquante ans avant la destruction du Temple, en divisant les interprétateurs de la Loi en deux écoles, n'était pas encore tranchée. Il est vrai que, déjà du vivant de Hillel, quelques disciples de Schammaï s'étaient efforcés de faire reconnaître la *Halakha* selon l'interprétation de Hillel f). Mais, dans la pratique, l'autorité de l'école de Schammaï équivalait à celle de l'école de Hillel g). Il était même advenu, après que la dispute eut duré trois ans, lorsque la majorité des savants eut décidé d'admettre, sur tous les points, l'autorité de l'école de Hillel h), que des adhérents de l'école de Schammaï n'en

a) *Quidd.*, 22 b.
b) *Bekhôroth*, 5 a dans Raschi.
c) *Yadayim*, IV, 6, 7, 8.
d) *Thosephtha Para*, chap. 3; *Ohaluth*, chap. 16.
e) *Sanhédrin*, 41. a et passim.
f) *Béça*, 20 b. et passim.
g) *Jebamoth*, gb., *Berakhoth pal.*, Chap. 2.
h) *Berakhoth* pal., Chap. 1 et passim.

continuèrent pas moins de profiter de chaque occasion pour manifester, avec le plus grand zèle, leur adhésion à ses préceptes a). Ces manifestations qui, venant de personnalités marquantes, étaient de nature à raviver la dispute entre les écoles, inspirèrent de grandes inquiétudes à R. Gamaliél. Il reconnut que le succès des études de la Loi pouvait en dépendre, car ces différences d'opinion entraînaient la conséquence qu'un Maître défendait ce qu'un autre permettait.

Ce fut à R. Gamaliél II, nommé aussi R. Gamaliél de Jabné, petit-fils du petit-fils de Hillel, portant le même nom, qu'il fut réservé de mettre fin à ces disputes. Faute de pouvoir par son érudition réfuter les adhérents de l'école de Schammaï, il eut recours à un moyen rigoureux, qui lui permit, à vrai dire, d'atteindre son but, mais qui entraîna finalement des conséquences fâcheuses pour lui-même. Ce moyen, il le trouva dans le rétablissement du Synhédrion, qu'il revêtait d'un pouvoir central à l'égal de l'ancien. Le Synhédrion pouvait ainsi trancher, à la majorité des voix, toutes les questions se rapportant à l'interprétation de la Loi, rejeter toute opinion adverse et forcer la minorité à se soumettre. Tous, sans distinction de personnes, avaient à répondre de l'enseignement d'une Halakha qui n'aurait pas été approuvée par lui, et ils pouvaient être frappés d'excommunication. Personne ne pouvait non plus apporter le moindre changement au calendrier sans avoir au préalable obtenu l'assentiment du *Nassi*.

C'est ainsi que Dosa, un Maître d'un âge avancé, ayant constaté que les témoignages que Gamaliél avait reçus touchant l'apparition de la Nouvelle lune étaient faux, en informa Josua, qui, en sa qualité d' *Ab-Beth-Din*, n'était hiérarchiquement inférieur qu'au *Nassi* R. Gamaliél, dont il était aussi l'ami. Comme la fixation des fêtes dépend de ces témoignages, Josua introduisit, pour lui et ses adhérents, les changements requis. Lorsque Gamaliél en fut informé, sans même examiner le bien fondé du fait, il exigea de Josua qu'il comparût devant lui, muni du bâton et de la Bourse, au jour même où celui-ci avait fixé comme étant le jour des expiations, comparution que la Loi interdisait ce jour-là. Josua demanda conseil à Dosa. Celui-ci lui conseilla de se soumettre,

____

a) [illegible]

en lui disant : " Si nous mettions en question les décisions judi-
caires, alors nous devrions douter de toutes les décisions qui,
depuis Moïse, ont été prises par le Tribunal des Trois-juges ".
Josua se soumit donc. Lorsqu'il comparut devant Gamaliél, celui-ci
l'accueillit en lui disant : " Salut à toi, mon Maître et mon disciple!
Mon Maître par la sagesse ; mon disciple par l'obéissance a). "
Ceci prouve que Gamaliél donnait raison à Josua quant au fond,
mais que celui-ci eût dû demander son approbation avant de
procéder aux changements. La décision qu'il prit, dans un autre
incident, provoqué également par Josua, souleva tellement l'indig-
nation des assistants, que ceux-ci l'apostrophèrent, en lui citant
les paroles du Prophète Nahum : " Quel est celui qui ne fut pas
victime de ta méchanceté ! " b). Ils lui refusèrent l'obéissance,
et finalement le déposèrent.

Son successeur fut le jeune Eliézer ben Azarya, qui n'avait
que dix-huit ans, mais qui appartenait à la descendance d'Ezra.
Il ouvrit immédiatement les salles académiques à tout-venant.
L'affluence fut très grande. Lorsque Gamaliél apprit ce succès, il
eut des remords d'avoir exclu de nombreux hommes studieux, en
n'ayant donné accès aux cours qu'à ceux dont les opinions lui
paraissaient ne rien laisser à désirer c). Gamaliél prouva qu'il
pouvait surtout préserver l'autorité de la majorité et non point
jouer au Maître, en assistant à l'installation solennelle d'Eliézer,
manifestant ainsi qu'il s'inclinait devant la décision de la majorité.
Il se réconcilia finalement avec Josua, et celui-ci s'entremit en
faveur de Gamaliél, qui redevint recteur de l'école, en même
temps qu' Eliézer, avec cette distinction que, tandis que celui-ci
présidait une semaine, Gamaliél lui présidait deux semaines, suivant
une interprétation, trois semaines suivant une autre d).

Le jour où eut lieu l'élection d'Eliézer en qualité de recteur
fut très important au point de vue législatif (b*). Les savants,
sous la direction de leur nouveau directeur, consacrèrent en premier
lieu leur activité à discuter et à décider en commun de nombreux
points de la Loi qui étaient restés en suspens. Ils passèrent

a) Mischna, *Rosch-ha-Schana*, II, 8, 9.
b) *Nahum*, III, 19.
c) *Beeakhoth* 27 b; 28 a.
d) *Id*.

d'abord en revue les controverses entre les écoles de Hillel et de Schammaï, déterminant les principes que l'école de Hillel avait adoptés de l'école de Schammaï *a*) et en quels cas elle avait introduit des aggravations dans la Loi *b*). Les Halakhoth, que les savants des deux écoles avaient précédemment discutées dans le grenier de Hananja b. Hisqija *c*), sans aboutir à une décision, furent de nouveau examinées. C'est ainsi, par exemple, que la sainteté des livres canoniques " Le Cantique des Cantiques " et " L'Ecclésiaste " fut définitivement proclamée *d*). L'excommunication, que Gamaliél avait introduite comme devant être prononcée contre ceux qui résisteraient aux décisions de la majorité, ayant été reconnue comme une mesure utile, fut consacrée *e*). Aussi, R. Gamaliél ne craignit-il pas d'excommunier Eliézer b. Hyrcanos, très savant et très fier de sa science *f*), et son beau-frère, à cause de sa fidélité opiniâtre à la tradition reçue *g*). Cet Eliézer, auquel son attachement à l'école de Schammaï valut l'appellation de *Schammaïte* continua à enseigner, malgré cette excommunication, à Lydda, ville du Sud de la Palestine, où il fut entouré de nombreux disciples de l'école de Jamnia *h*). Il habita plus tard Césarée, où il mourut profondément regretté de ses contemporains *i*). (7*).

La liberté de l'enseignement fut rétablie après la mort de Gamaliél. Les savants de réputation purent enseigner ce qui était leur opinion personnelle ou ce qu'ils représentèrent comme étant la tradition *j*), sans qu'il y ait trace d'une opposition de la part du président du Tribunal. L'excommunication ne fut plus non plus prononcée aussi facilement, on la réserva pour les cas où une opposition formelle était faite à la Loi. Cette liberté d'en-

---

a) *Jadayim*, I, 7-14.

b) *Id*, IV

c) *Sabbath* babli, 13 b; *pal.*, *I*, 4.

d) *Yadayim*, III, 5.

e) *Edouyoth*, V, 6; *Berakhoth*, 19 a.

f) *Cant. Cant. Rabba*, chap. I ; *Sanhédrin*, 68 a.

g) *Baba Mecia*, 59 b.

h) *Thosephtha Yadayim*, II.

i) *Sa[illegible]*, [illegible].

j) Cf. *Thos[illegible]*, [illegible].

seignement se maintint jusqu'à ce que la canonisation des Halakhoth
eût été prononcée.

Les savants R. Ismaël et R. Aqiba se firent particulièrement
remarquer à cette époque. La légende s'est surtout emparée de
ce dernier a). Il était de basse extraction, sans instruction, vacher
de son état. En cette qualité, il servit Kalba-Saboua, et il fut
aimé de sa fille. Celle-ci lui declara, toutefois, qu'elle ne l'épouserait
que s'il connaissait la Loi. Aqiba lui obéit, et quoiqu'il fut ennemi
des savants, à tel point qu'il disait qu'il les mordrait comme des
ânes b), il se mit à l'étude, alors qu'il avait déjà quarante ans.
Il suivit les cours d'Eliézer b. Hyrcanos et ceux de Nahoum de
Guimso, et devint finalement le savant le plus célèbre de son
époque. Sa façon d'enseigner formait un grand contraste avec
celle de son contemporain, R. Ismaël. Tandis que celui-ci se lais-
sait guider par la règle: " La Thora est rédigée en termes
propres à l'homme " c) et n'attachait en conséquence, pas d'importance à la répétition d'un passage dans l'Ecriture d), Aqiba
par contre, interprétait non seulement chaque conjonction, mais
même chaque lettre qui lui paraissait superflue. Ces interprétations
ne furent naturellement pas toujours heureuses e), et celles d'Ismaël
sont plus conformes à l'esprit de l'Ecriture f). Il ne supportait
pas que l'on fit appel au surnaturel dans les interprétation et
à ce sujet, lorsque Eliézer ben Hyrcanos voulut un jour donner
à un verset une signification étrangère, il lui fit la remarque:
" Tu sembles dire à l'Ecriture: attends jusqu'à ce que je
t'interprète " g).

Il nous est resté de nombreuses Halakhoth d'Aqiba et d'Ismaël.
Le premier eut surtout le mérite d'ordonner systématiquement
les instructions halakhéennes, qui devinrent "la Mischna de R. Aqiba"
et servirent de base à la Mischna actuelle, dont les disciples

a) *Sôta*, fin; *Siphré*, *Eqeb*, chap. 48; *Menachoth*, 29 b; *Haguiga*, 14 a;
    Aboda Zara, 5 a.

b) *Pessachim*, 49 b.

c) *Qiddouschin*, 17 b.

d) *Houllin*, 66 b.

e) *Cf. Jebamoth*, 70 a.

f) *Sabbath*, 27 a et passim.

g) *Siphra*, *Thazria*, 13.

furent les professeurs les plus influents. Son école se trouvait à
Bené Beraq a), où 12000 disciples se seraient groupés autour
de lui. Ayant pris une part active à l'insurrection contre Adrien
il mourut en martyr. Quant à Ismaël, il a porté à treize les
sept règles herméneutiques de Hillel, et c'est à son école qu'est
dû le Midrasch de l'Exode, connu sous le nom de *Mekhiltha*. Il
mourut aussi victime de la haine d'Adrien, qui en voulait surtout
aux docteurs de la Loi.

Lorsque Antonin le Pieux, le fils adoptif d'Adrien, eut aboli
les lois sévères qu' Adrien avait édictées contre les Juifs et leur
eut permis de nouveau l'exercice libre de leur culte, les disciples
des grands Maîtres se consacrèrent à l'étude de la Loi avec un
redoublement de zèle. Le plus célèbre de ceux-ci fut R. Méir.
Copiste (libellarius) b) de profession, il suivit, en dehors des cours
de son maître Aqiba, ceux d'Elischa b. Abouya, qui, abjura,
par la suite, le Judaïsme et fut nommé *Achér*. R. Méir rejeta de
l'enseignement de celui-ci, comme il le disait, l'écorce pour en
conserver l'amande c), et il occupa dans le Synhédrion reconstitué
à Ouscha la dignité de troisième ordre, celle de Haham d), mais
il enseigna aussi à Tibériade.

Il joignait une riche imagination à une grande sagacité, et
il savait si bien éclairer un point de la Loi de toutes parts,
que même ses collègues ne savaient pas se rendre compte de son
opinion véritable e). On possède plus de trois cents sentences
qui portent son nom, et un grand nombre qui lui sont attribuées,
selon la règle: Les opinions anonymes de la Mischna proviennent
de R. Méir f). Il émigra en Asie Mineure vers la fin de sa vie
et y mourut. La Mischna, qu'il compléta, fut arrangée par lui
telle que nous la possédons.

Juda b. Ilaï disciple d'Eléazar b. Azarya g), " le plus grand

---

a) *Sanhédrin*, 32 b.
b) *Eroubin*, 13 a.
c) *Haguiga*, 15 b.
d) *Horayoth*, 13 b.
e) E [illegible]
f) C [illegible]
g) E [illegible]

orateur de tous les temps '' *a*), jouit d'une grande estime dans la maison du Patriarche, où il fut vénéré à l'égal d'un Maître. Les notions qu'il enseigna ont servi de base au Midrasch halakhéen du Lévitique, appelé *Siphra* ou *Thorath Cohanim*. Aucun de ses prédécesseurs n'a laissé autant de thèses. Elles se trouvent dans la Mischna, la Baraïtha, la Thosephtha, le Siphra, le Siphré, la Mekhiltha et autres Midraschim, au nombre d'environ trois mille.

Simon b. Johaï, disciple d'Aqiba *b*), dut fuir devant les Romains, et l'on raconte qu'il aurait vécu pendant treize ans dans une caverne avec son fils Eléazar, s'y adonnant à l'étude de la Loi *c*). On lui doit les éléments du Midrasch halakhéen des Nombres et du Deutéronome, appelé *Siphré*, et on lui attribue le livre cabalistique, *Zohar*, qui est d'une date de plusieurs siècles plus récente, et quoiqu'aucune mention ne soit faite dans sa biographie qu'il se soit jamais occupé de la Cabale.

José b. Halaphtha, dont l'enseignement jouissait, à juste titre, d'une grande autorité *d*), est l'auteur du *Séder Olam e*), dont mention est déjà faite dans le Talmud, dans lequel la chronologie biblique est établie sur les données généralement admises depuis lors (*ᵛ**).

La dignité de Nassi qui, durant plusieurs générations, était restée dans la maison de Hillel en devenant héréditaire, passa, à la mort de Gamaliél, à son fils Simon, le troisième de ce nom parmi les descendants de Hillel. Ce fut en raison de sa parenté, plus que de son savoir, que Simon fut investi de cette dignité. Les maîtres, Nathan et Méir, le lui firent sentir. Le Nassi se vengea en ne faisant pas paraître sous leurs noms leurs thèses, qu'il mentionna en termes généraux *f*). Presque toutes ses Halakhoth furent plus tard acceptées comme règles *g*).

---

a) *Ibd*, 63 b et passim.

b) *Genes. Rabba*, chap. 21.

c) *Sabbath*, 33 b; *Genes. Rabba*, chap. 79

d) *Pessachim*, 99 b et *Jerusalmi ibid.* ainsi que Weiss dans *l'interprétation de la Mekhiltha*, p. XV.

e) *Yebamoth*, 82 b; *Nidda*, 46 b.

f). Frankel, *Hod.*, p. 180; *Monatsschrift*, *IV*, 227.

g). *Guittin*, 75 a.

Parmi les savants qui se distinguèrent, il y a encore lieu de citer : Ben Azaï, qui fut d'abord disciple, puis collègue d'Aqiba a), et qui resta célibataire pour pouvoir se consacrer entièrement à l'étude b). Il attacha surtout de la valeur au côté spirituel de la religion : la Loi n'était pour lui qu'un corps que l'esprit devait vivifier. C'est ainsi qu'il considérait même comme une faute de prononcer machinalement le mot "Amen" à la fin d'une prière ; les paroles de bénédiction devant être écoutées avec recueillement c). Il était cité comme un exemple de piété, de sorte que l'on vint à dire : „ Celui qui voit Ben Azaï en rêve peut espérer devenir pieux „ d). D'autre part, Ben Zôma, qui fut aussi disciple d'Aqiba, était réputé être un exemple de sagesse, et on disait „ Celui auquel Ben Zôma apparait en rêve peut espérer acquérir la sagesse ,, e).

Il ne nous a été conservé de ces deux Maîtres que quelques sentences qui se trouvent dans les Aboth. Ben Zôma semble s'être adonné avec succès à l'exégèse. Du moins eut-il la réputation d'être le dernier des Exégètes f). On rapporte aussi qu'il considérait certains passages de la Bible, comme étant incompréhensibles. C'est ainsi qu'il trouvait, par exemple, que les mots: „ Dieu fit les cieux „ g) ne peuvent s'accorder avec la notion de la création ex-nihilo, car le verbe „ faire „ présuppose une substance h). Ben Azaï et Ben Zôma sont de ces hommes privilégiés que le Talmud dépeint comme ayant pénétré dans la haute Théosophie dans ce que les Docteurs appellent le „ Paradis „. Le premier en serait mort, et le second serait devenu fou pour avoir trop joui de la beauté divine i).

Lors de la mort de R. Simon ben Gamaliél (163), qui,

---

a). *Baba Bathra*, 158 b et *commentateurs*.
b). *Yebamoth*, 63 b ; *Sota pal.* I, 2.
c). *Berakhoth pal.*, XII, 3.
d). *Berakhoth babli*, 57 b.
e). *Ibid.*
f). *Sota*, 49.
g). *Gen.* I 7
h). [illegible]
i). [illegible]

d'Ouscha, avait transféré à Scheferam, localité voisine, le siège des
assemblées, son fils Juda Hannassi lui succéda. Nommé „ le Saint ''
ou aussi brièvement „ Docteur '', il naquit vers l'époque où Aqiba
mourut en martyr *a)*, donc vers 135, et il suivit l'enseignement
de son père et de Jacob Qourschaï *b)*. Il regretta de ne pas pouvoir
suivre aussi personnellement celui de Méir, par suite du désaccord
qui existait entre celui-ci et son père *c)*. Aimant beaucoup la
langue hébraïque, il s'indignait lorsqu'il l'entendait mélangée de
mots étrangers *d)*. Aussi, dans sa maison, ne parlait-on, même
chez ses serviteurs, que l'hébreu pur *e)*. Comme beaucoup d'autres
Maîtres, il employa ses richesses pour subvenir au besoin de ses
disciples et d'autres pauvres *f)*.

Le maintien de la dignité de Nassi, durant plusieurs siècles,
dans la même famille, que la légende rattachait même à la descendance du roi David, valut aux Patriarches une considération
presque princière *g)*. Ils surent la maintenir par une grande
assurance, même vis-a-vis de ceux qui, intellectuellement, leur
étaient supérieurs *h)*. Cette considération fut encore accrue par
les rapports amicaux que Juda entretint avec l'Empereur règnant
de la famille des Antoine ([10*]).

II.

Cette haute situation de Juda dut certainement contribuer à
lui permettre de mener à bien la tâche qu'il avait entreprise de
faire de la Loi un recueil clair et complet. Il est vrai qu'un
certain ordre y avait déjà été introduit *i)*, mais ce fut lui qui
acheva l'œuvre commencée. Il sut toujours choisir l'expression la
plus brève, ainsi que son maître Méir l'avait recommandé *j)*, et

---

a)   *Quidd.*, 72 b ; *Gen. Rabba*, chap. 58 ; Midr. Koheleth, 1, 5.
b)   *Yôma*, 61 b ; *Sabbath pal.*, *X*, 5.
c)   *Eroubin*, 13 b.
d)   *Baba Qamma*, 82 b.
e)   *R. H.* 26 b ; *Meguilla*, 18 a ; *Schebiith pal.*, *IX, 1* ; *Meguilla pal.*, *II, 2*.
f)   *B. Bathra*, 8 a.
g)   *Guittin*, 59 a ; *Sabbath*, 113 b.
h)   *Kethouboth*, 113 b ; *Horayoth*, 14 a et passim.
i)   *Pessachim*, 3 b.
j)   *Ibid.*

il donna ainsi à la Loi sa forme orginale hébraïque; son œuvre
a reçu le nom de *Mischna* (Doctrine) (11*).

La Mischna se divise en six parties (Séder, pl. Sedarim), dont
un disciple de Rabbi fait déjà mention *a*) et dont les noms sont
les suivants: 1) *Zeraïm*, semences ou produits du sol — à cette
partie se rattache le recueil des préceptes sur les bénédictions
(Berakhoth); 2) *Moèd*, célébration des fêtes et ce qui s'y rapporte;
3) *Naschim*, les lois se rapportant à la femme, au mariage, au
divorce et autres questions analogues; 4) *Neziqin*, questions de
jurisprudence touchant la propriété, les indemnités, les tribunaux,
etc.; 5) *Qodaschim*, les sanctuaires, les sacrifices et le service
du Temple; 6) *Teharoth*, sur ce qui est pur et impur.

Chaque partie (Séder) se compose d'un certain nombre de
Sections qui, aussi, étaient déjà connues *b*). La première partie
en a 11, la seconde 12, la troisième 7, la quatrième 10, la
cinquième 5, la sixième 12, soit ensemble 63 qui, à leur tour,
sont divisées en chapitres et paragraphes (*Peraqim*), dont le
nombre est de 523, ou 524 selon un autre calcul. Les premiers
Talmudistes les connaissaient également *c*). La classification des
doctrines d'après un ordre nettement défini n'existe pas à vrai dire.
Zach. Frankel cherche à établir logiquement leur succession *d*).
Geiger est d'avis que, comme dans le Koran, on a dû procéder du plus
long au plus court *e*).

Rabbi put encore réviser deux fois la Mischna, ce qui donna lieu
aux variantes de ce texte, selon qu'il est dans le Talmud babylonien ou
dans le palestinien, ainsi qu'aux expressions: „ Ceci est la première
Mischna; ceci est la Mischna plus récente "*f*). D'autres Maîtres,
toutefois, introduisirent aussi des corrections dans la Mischna, même
malgré la défense de Rabbi *g*). Plus tard des recueils, des définitions,
des variations, d'explications, qu'on appella „ *Tosephata* " (addition)
furent encore annexés à la Mischna sous forme d'un ouvrage
séparé. En dehors de celui-ci, d'autres textes furent encore

a) *Baba Mecia*, 85b.
b) *Schbbath*, 3 b. et passim.
c) *Berakhoth* pal, II, 8 et passim.
d) *Hodegt.*, p. 251.
e) . . . . ., I, 2 . . . . . . au i II . . 7
f) . . . . p. 19.
g) . . . .

recueillis; ils contenaient en partie des enseignements, en partie des explications ou des réponses à maintes questions, en partie des faits historiques, qui furent tous considérés comme étant dignes du souvenir, à côté de la Mischna, mais dans laquelle, lorsque celle-ci fut devenue canonique a), on ne pouvait plus les comprendre. Ces recueils reçurent le nom de *Baraïta* (externe), c.-à.-d. textes n'appartenant pas au Canon de la Mischna, et recueillis par R. Hiyya et Oschaya; ils furent plus tard incorporés dans le Talmud.

La Mischna et ses annexes sont écrites en un hébreu assez pur, mais des expression grecques et latines, dont le Talmud donne des étymologies hébraïques, s'y mêlent b).

La période des Tannaïm ne prit pas encore entièrement fin avec Rabbi. Comme tels figurent encore ses plus jeunes contemporains Ismaél b. José, Elazar b. Simon, Josua b. Qorcha, Summachos, Palaimon et Pinhas b. Jaïr.

Les disciples et condisciples de Juda reçoivent aussi cette appellation ou celle de *Demi-Tannaïm*, tels Hiyya, Bar Qappara, lequel fonda une école à Lydda, rédigea même une Mischna, et s'attira la défaveur du Nassi par ses discours mordants c). On cite même Rab, mort en 247, comme étant un Demi-Tanna d).

Grâce à l'achèvement de la Mischna, on posséda alors un aperçu de tout ce qui, jusque là, avait été admis comme étant la Loi. Celle-ci comprenait un certain nombre de sentences dont on ne connaissait pas l'origine certaine, et q'on attribuait à la tradition mosaïque (הלכה למשה מסיני) e); d'autres provenant des écoles, mais anonymes (חכמים אומרים). D'autres furent acceptées sur le témoignage d'auteurs cités, ou de savants célèbres (העיד, שמעתי). D'autres encore le furent sur décision de la majorité (נמנו וגמרו) Il s'y trouvait aussi des décisions contre la coutume (התקין, התקינו) prises par des assemblées générales ou particulières, ou des résolutions qui avaient été jugées momantanément nécessaires (גזרו). Enfin, on y rencontrait des questions controversées (מחלוקת),

---

a) *Levit. Rabba*, chap. 7; *Sanhédrin*, 6 a, 33 a et passim.

b) Geiger et Dukes, *Die Sprache der Mischna*.

c) *Moëd Qatan* pal., III, 1; Nedarim, 50 b. et passim; cf, aussi la revue Hechaloz, II,p. 86.

d) Houllin, 122 b. et passim.

e) Cf. Weiss, *Zur Geschichte*, II, p. 78.

au sujet desquelles les noms des défenseurs des différentes sentences sont mentionnés. Examiner, expliquer, discuter tout ceci, fut dorénavant la tâche à laquelle se consacrèrent les Académies des érudits et qu'elles surent accomplir.

La première impulsion fut peut-être donnée à ces nouvelles recherches par les *Baraithoth*, ainsi que par la Thosephtha. Lorsque l'on trouvait dans ces écrits des doctrines qui contredisaient celles de la Mischna, on s'efforçait de les mettre d'accord (d'où les expressions ותני הדא, ותני אידך, ורמינהו etc.), en leur donnant aussi un nouveau sens, peut-être original. On s'appuyait aussi sur le raisonnement pour expliquer et amplifier des doctrines de la Mischna et de la Baraitha dont l'exactitude et la nécessité étaient reconnues. Quelquefois on ne faisait appel qu'au raisonnement (במאי עסקינן etc.); quelquefois on appuyait le raisonnement par des démonstrations, tirées d'autres Mischnas ou Baraithoth (כהדא דתנינן etc., pal. דתנן דתניא כדתניא etc.), et qui ne concordent pas toujours, à vrai dire, avec nos manières de voir actuelles *a*). Aux points de doctrine s'ajoutèrent des interprétations de versets de la Bible (questions מאי טעמא, מנא הני מילי etc. formule de réponse en babyl., אמר רחמנה, אמר קרא etc., en palest. נשמעינא מן הדא etc.) Il n'est pas rare qu'une sentence ou une controverse soit précisée (דברי הכל לא פליגי בי פליגי etc.), et que de nouvelles lois en soient déduites (en bab. זאת אמרת שמע מינה etc. en palest. הדא דתמה שמע לה מן הדא etc.) Enfin on donna des solutions aux questions qui étaient soulevées de toutes parts (אבעיות), sans que leurs auteurs fussent toujours mentionnés.

La plus grande partie des discussions s'occupe de l'examen des réfutations adressées aux chefs des Écoles, en se basant sur une Mischna ou sur une Baraitha. Il n'était pas toujours possible de tout expliquer ni de répondre à tout. Une Mischna fut souvent déclarée erronné, pour justifier l'opinion d'un Maître, et amendée conformément à tel autre avis (חסורי מחסרא והכי קתני, תני כך וכך) Dans d'autres cas, l'opinion d'un Maître fut reconnue comme ne pouvant se justifier en invoquant une Mischna et elle fut déclaré comme étant réfutée (תיובתא). Mais ceci n'exclut pas

____

a) Gm. ולמדו עירובין מפתחי של אולם או של היכל

le fait que la Halakha ait été maintes fois fixée à l'opinion censément réfutée *a*).

Comme le but principal de ces Maîtres se limita à l'interprétation de ce qui était déjà écrit et ne visa pas la promulgation de nouvelles Lois, si même il y en eut que l'on pût déduire des lois existantes, ceux-ci ne reçurent plus le nom de *Tannaïm*, mais d'*Amoraïm* (interprétateurs).

Les *Amoraïm* sont généralement divisés en sept générations. A la première appartient: Hanina ben Hama qui, selon les dernières volontés de Juda, devait remplir les fonctions de Rosch Beth Din (chef de tribunal), mais qui n'accepta cette dignité qu'après la mort d'Ephes, le Secrétaire de Juda *b*). Il était médecin comme beaucoup d'autres Maîtres.

Il fut, par sa méthode d'enseignement l'antithèse de Johanan ben Nappaha (199-279), l'ami le plus intime de son maître Juda et un des plus féconds Amoraïm, dont la célébrité s'étendit jusqu'à Babylone. Son Académie était à Tibériade, ville riche en sources minérales. Celle-ci produisit la Guemara palestinienne.

Simon Laqisch (Resch Laqisch), son beau-frère et son ami, fut un homme d'un esprit pénétrant, animé d'une rare véracité et d'une grande probité. Il mourut en l'an 275. Le Talmud qualifie les deux beaux-frères de " *Grands Maîtres* ,, *c*).

Simlaï fut un profond connaisseur de l'Ecriture sainte et un excellent Hagadiste. C'est lui qui émit l'idée que les lois judaïques étaient au nombre de 613, dont 248 commandements, le nombre des os du corps humain, et 365 interdictions, le nombre des jours de l'année solaire. Il chercha aussi à ramener les lois des Juifs à des principes, en prouvant que David résumait les 613 lois en onze phrases (Ps. 15), Isaïe en six (33,15), Micha en trois (6,8) et Habaqouq (2,4) en une seule : " Le Juste vit en sa foi ,, *d*).

Abba Aréca, appelé communément Rab (¹²*), et Mar Samuel,

---

a) Cf. Arouch, s. v. מהפכתא et Samuel Hannaguid מבוא התלמוד.

b) *Kethouboth*, 103 b ; cf. Graetz, *Geschichte*, t. IV, p. 282, et Monatsschrift, 1852, p., 440.

c) *Berakhoth*, pal. XII, 3.

d) *Maccoth*, 23 b et 24 a.

deux disciples de Juda Nannassi, fondèrent plusieurs Académies en Chaldée, appellée aussi *Côla* (le pays de l'exil) par les Juifs qui y étaient nombreux. Celles-ci devinrent rapidement prospères et reléguèrent à l'arrière-plan les Académies de la Palestine, dont l'autorité resta cependant entière et auxquelles on faisait souvent appel.

Abba, après avoir suivi l'enseignement de Juda et avoir parfait sa connaissance de la Mischna, que celui-ci avait rédigée, retourna dans son pays natal, la Chaldée, et il y fonda, vers 219, une académie à Sora, ville du Bas-Euphrate appelée aussi Matha Machseya. Cette accadémie, qui sut de suite gagner l'appréciation des maîtres palestiniens a), fut, durant 800 ans, un siège de l'érudition judaïque. Les nombreux élèves se réunissaient à Sora, durant les mois d'Adar et d'Eloul, pour y répéter les cours professés durant le semestre précédent. Ces réunions reçurent le nom de *Calla*, et leur Président celui de *Résch Calla*. Rab dirigea son Accadémie en qualité de *Résch Sidra* (chef d'Ecole) jusqu'à sa mort qui survint en 247.

Samuel (mort en 253 b), ami de Rab, très doué et versé en beaucoup de sciences, avait son Académie en Nehardéa, et il se consacra à l'étude de la médecine c) et surtout de l'astronomie, en dehors de celle de la Loi, de telle sorte qu'il pouvait dire, parlant de soi-même: „Les voies du ciel mes sont aussi bien connues que les rues de Nehardéa „ d). Ceci lui valut le nom de "l'Astronome„ e). Il était considéré une autorité en matière de droit civil à l'égal de celle dont Rab jouissait pour tout ce qui se rattachait au rituel.

Tandis que Rab entretenait des rapport amicaux avec Artaban IV, le dernier roi des Parthes, Samuel en entretenait avec le roi des Perses Schabur, de telle sorte qu'on l'appelait même le roi, des Juifs Schabur f). Ces amitiés contribuèrent probablement à

---

a) *Meguilla*, 29a; *Yebamoth*, 37b; *Houllin*, 95 b.

b) Scherira, *Epitre*, p. 29.

c) *Baba Mecia*, 85 b, 113 b; *Sabbath*, 109 a et passim.

d) *Berakhoth*, 53 b; *Ber. jer.*, VIII, 3; *Rosch Haschana* 20 b.

e) *Baba Mecia*, 85 b, la dernière ligne.

f) *Baba Qamma*, 96 b; Baba Mecia, la fin dans les commentateurs.

la grande considération dont jouirent ces Maîtres. Le Judaïsme leur est redevable de la collection et de l'arrangement des prières pour tous les jours, les fêtes et autres cérémonies *a*). C'est aussi eux qui divisèrent le Pentateuque en 54 sections (Parschotb) pour la lecture le jour du Sabbat, de sorte qu'au cours de chaque année celle-ci était achevée, tandis que les Juifs de la Palestine l'avaient divisé en 155 sections, à la lecture desquelles trois années *b*) étaient consacrées. Ils introduisirent encore d'autres changements synagogaux *c*). Rab et Samuel sont considérés comme ayant des autorités égales à l'Ecriture sainte *d*).

Tandis que les Académies de la Chaldée gagnaient en importance et en influence, l'autorité du Patriarcat baissait de plus en plus en Palestine. Un Juda, le troisième de ce nom, remplissait de nouveau les fonctions de Nassi. Comme son père et prédécesseur, il ne connaissait que peu la Loi et, comme son grand-père, il fut même blâmé par les savants *e*). Il advint, en outre, que l'on abusa de la dignité de Nassi, en l'utilisant dans un intérêt personnel. Les dons volontaires qui, jusqu'ici, avaient été reçus aussi de correligionnaires étrangers pour venir en aide aux savants pauvres, furent transformés en un impôt que des envoyés spéciaux allèrent percevoir dans les différentes communautés *f*). Au nombre de ces envoyés figurèrent, au commencement du IV⁰ siècle, les savants Hiyya b. Abba et Simon b. Abba, qui vivaient dans la plus grande misère.

De tout temps une grande importance avait été attachée à la prérogative du Patriarche, de pouvoir fixer les dates du Calendrier, même pour les Juifs qui n'habitaient pas la Palestine. La détermination et la proclamation de la Nouvelle Lune, qui se faisaient sur le dire des témoins, même encore après que l'apparition de celle-ci pouvait être prévue par le calcul, étaient entourées de solennités, et l'annonce en était faite aux communautés chaldéennes par des feux. Plus tard, l'information leur en fut donnée par des

---

a) Cf. Zunz. *G. V.*, p. 373.
b) *Meguilla.*, 29 b.
c) *Ibid.*, 22 a ; *Thaanith*, 28 b.
d) *Aboda Zara*, 40 a.
e) *Moëd Qatan*, 12 b.
f) Jost. *Geschichte des Judentums und seiner Sekten*, II, p. 153.

envoyés *a*) Depuis longtemps, ces communautés s'étaient opposées
à cette prérogative du pays natal, et elles en étaient venues à
fixer leur calendrier, en le basant sur les calculs, sans attendre
les envoyés palestiniens *b*). Hillel II, successeur de Juda III,
abandonna enfin la détermination de celui-ci, basée sur l'apparition de la Nouvelle Lune (360), et il régla, lui aussi, le
calendrier sur les données des calculs astronomiques. Depuis lors,
le calendrier Juif existe — sauf quelques changements introduits
depuis—tel que nous le possédons actuellement. Le Patriarcat
disparut complètement à la mort de Gamaliél V, en 425, celui-ci
ne laissant pas d'héritier, et l'académie palestinienne tomba en
décadence.

En dehors d'Ami et d'Assi, les recteurs de Tibériade, le dernier
Amora palestinien remarquable fut Abbahou de Césarée, homme
très riche et très doué qui, a côté de sa fabrique de soie *c*),
cultivait la science qu'il avait acquise à l'académie de Jochanan,
qui l'aima comme un fils *d*). Il jouissait d'une haute considération
auprès de la maison impériale romaine, de sorte qu'on l'accueillait avec
des chants, et qu'on l'appelait „ le grand homme de son peuple
le conducteur de sa nation „ *e*). Son luxe était en rapport avec
cette situation. des Goths, ses esclaves, le servaient, et il avait
des sièges en ivoire dans sa maison *f*). Il fut surtout aimé
parce qu'il parlait avec une grande facilité le Grec, langue dans
laquelle il fit aussi instruire sa fille, malgré l'opposition des
adversaires de l'éducation mondaine *g*). Abbahou, qui resta très
modeste, malgré ses richesses et son érudition, fut un excellent Hagadiste (Exégète) et un très habile polémiste contre
le christianisme *h*).

Ce fut au commencement du IVe siècle que les discussions

---

a) Mischna *Rosch Haschana*, I, 2— III, 1

b) Guemara *ibid*, 20 et 21.

c) *Baba Mecia pal*, IV fin.

d) *Berakhoth*, pal, II, 1

e) *Kethouboth*, 17 a

f) *Sabbath*, 119 a, *Béça pal*, 60, 3, *Baba Mecia pal*, IV, fin.

g) , : Sabbath, pal VII, 1.

h) , 1, 1, ... *Kahha* Chap 25

des Académies des savants palestiniens sur la Mischna furent réunies. Le recueil s'appelle „ *Guemara* „ et, reuni à la Mischna, ordinairement *Talmud*. Pour le distinguer de l'œuvre semblable, qui fut rédigée plus tard en Chaldée, on l'appelle le Talmud *jerusalemite*, ou le Talmud *palestinien*, ou encore le Talmud *occidental*. ([13*])

Tandis que les Juifs de la Palestine avaient un chef dans la personne du Nassi, les Juifs de la Chaldée possédaient au même titre un *Exilarque* (Rosch Galoutha ou Rosch Gôla), dont la puissance et la dignité prirent une plus grande ampleur lors de la fondation du royaume de Perse. Les Exilarques, qui appartenaient à la maison de David *a*), étaient très considérés. Ils étaient les intermédiaires entre le peuple et le roi : ils revêtaient comme insigne un surtout en soie, qui était rattaché par une ceinture en or. Ils étaient reçus au palais royal avec les honneurs d'un haut dignitaire, et leur train de maison était en rapport avec cette position. Leur char était doré et, en dehors de nombreux serviteurs, ils entretenaient même des courtisans savants qui, comme marque distinctive, portaient un cachet sur le surtout. Ils étaient juges au criminel et au civil, avaient la sécurité publique sous leur surveillance, encaissaient les impôts pour l'Etat, et nommaient les Juges et les fonctionnaires. A la façon orientale, ils infligeaient la bastonnade pour les actes de désobéissance, et, si même le cas ne fut que rare, des Exilarques abusèrent de leur position pour commettre des actes de violence *b*), ce qui entraîna de graves conflits entre eux et les savants. Il n'y en a que peu qui aient laissé un nom à titre de savant; la plupart étaient des ignorants, même en ce qui concerne les lois de la religion.

Les recteurs des Académies Chaldéennes formèrent un contraste frappant avec les Exilarques, dont la dignité ne s'éteignit que vers la moitié du 11ᵉ siècle, Hisqiya étant le dernier. En effet la semence de la science juive, que Rab et Samuel avaient répandue, tomba sur un sol fertile, et une riche moisson s'en éleva dans les Académies que leurs disciples fondèrent dans les villes de Poumbaditha, Mahouza sur le Tigre, et Naresch près de Sora, en dehors de celles qui existaient déjà à Caphri, Sora et Nehardéa.

---

a) *Séder Olam Soutta*, § 49 c.

b) *Soucca*, 31 b; *Baba Qamma*, 59 *a*; *Eroub.*, 11 b.

Il y a lieu de citer comme ayant été des Amoraim éminents les rabbins suivants :

Houna, disciple et successeur de Rab, parent de l'Exilarque, qui enseigna à Sora, tandis que Juda (b. Jehezqel), disciple de Samuel que son maitre appellait déjà " le Sagace " a), fondait à Poumbaditha, une Académie, qui fut depuis entourée d'une grande considération. A cette génération appartient aussi Nachman (b. Jacob), gendre du savant Exilarque Rabba b. Abouha, et qui fut aussi disciple de Samuel à Nehardéa. Lorsque cette ville fut détruite et pillée par un aventurier Papa b. Naçar, l'Exilarque, et probablement aussi son gendre, emigrèrent à Schecancib (actuellement El Sib) sur le Tigre, Schilhi (Poum el Sib) et Mahouza (non loin de Ctésiphon) Lors de la mort de Houna, en 297, tous ses disciples se rendirent à Poumbaditha, auprès de Juda qui mourut deux ans après b) (14*) Rien ne prouve mieux la grande considération dont celui-ci jouissait, même en Palestine, que le fait qu'ayant condamné un savant à l'exil, personne n'osa lever cette peine, acte que sa mort subite l'ayant empêché de le faire lui-même. L'exilé se rendit à Tibériade, auprès du Nasei Juda III , mais celui-ci aussi se déclara incapable de lever la punition c) A sa mort, le Hagadiste bien connu Hisda à Sora fut en fonction durant dix ans.

Rabba b Nachmani (le déracineur des monts), disciple de Houna d) et successeur de Juda en qualité de recteur de l'Académie de Poumbaditha, fut célèbre pour sa sagacité. Il décida une question qui avait été soulevée, touchant la lèpre, entre " Dieu et la séance céleste" e). Son Académie jouissait d'une si grande renommée que 12000 personnes se réunissaient autour de lui durant les derniers mois des semestres d'été et d'hiver, Adar et Eloul, durant lesquels on répétait publiquement les cours qui avaient été professés durant les mois précédents Ces réunions semestrielles d'enseignement (*Jarché de Calla*) qui se renouvelaient régulièrement, soulevaient l'attention, et les calomniateurs en rendirent compte au

---

a) *Berakhoth*, 36 a

b) *Scherira*, p. 30.

c) *Moëd Qatan*, 17 a

d) *Guittin* 27 a et pa sim

e) *Baba Mecia* 86 a

roi ; ils accusèrent Rabba de troubler l'ordre public en éloignant de leur résidence 12000 contribuables, ce qui rendit difficile la perception des impôts. Le roi donna ordre de l'arrêter. Mais Rabba sut échapper par la fuite. Il mourut sur ces entrefaites en 319 a). Son successeur fut Joseph l'Aveugle, qui, en raison de sa fidèle transmission de l'enseignement de son maître, fut nommé Sinaï, comme ressemblant à cette montagne, de laquelle la tradition devait être promulguée.

Il resta en fonction durant deux ans et demi, et mourut en 322 b). Les disciples favoris de Rabba et de Joseph, Abayi et Raba, remplirent les fonctions de recteur, le premier pendant treize ans à Poumbaditha et le second pendant quatorze ans à Mahouza. Il mourut en 252. La subtilité de la dialectique talmudique atteignit à leur époque son point culminant, de sorte que ces disputes pointilleuses c) *(Havayoth)* devinrent synonimes des questions difficiles d). On a conservé aussi quelques prescriptions médicinales d'Abayi, qui sont pour la plupart des cures homéopathiques, qu'il avait apprises par des femmes e).

Tandis que l'Académie de Poumbaditha tombait en décadence, celle de Sora reprenait un lustre nouveau, grâce à Aschi b Simaï, dont on racontait qu'il était le seul depuis Juda Hannassi qui eût brillé par son savoir autant que par sa magnificence f). Il était considéré comme étant une autorité, de sorte que les Exilarques de son temps, Houna b. Nathan, qui, lui aussi, était réputé savant, Marémar et Mar Zoutra, lui abandonnèrent la détermination des jours de fête. Aschi décida aussi les Exilarques, qui jusqu'ici avaient résidé à Nehardéa d'abord, puis à Poumbaditha, de s'établir également á Sora. Durant quelques siècles, les cérémonies pompeuses de leur installation *(Rigla)* y furent célébrées g).

a) *Ibid.*

b) *Scherira*, p. 31.

c) Par exemple *Baba Mecia*, 36 b.

d) *Sanhédrin*, 106 b; (Scherira comprit mal cette phrase et l'interpréta donc érronément).

e) Jost, *Geschichte*, t. II, p. 191.

f) *Sanhédrin*, 29 a et passim.

g) *Scherira*, p. 33.

On doit surtout à Aschi d'avoir recueilli, examiné et arrangé tous les matériaux se rattachant à la Mischna, qui s'étaient accumulés dans les Académies chaldéennes Ce recueil s'appelle " Guemara „, comme celui de la Palestine, ou bien Talmud lorsqu'il est réuni à la Mischna.

Pour distinguer celui-ci du Talmud palestinien, il a reçu le nom de babylonien Aschi sut mener à bien ce travail, non seulement grâce à son autorité, mais aussi grâce à la très longue durée de son activité — qui fut de soixante ans (367-427) — et à la paix dont les communautés chaldéennes jouirent à cette époque. Il avait l'habitude de passer en revue, durant les mois de Calla de chaque semestre, une section de la Mischna avec les éclaircissements qui s'y rattachaient. Après qu'il eut ainsi, en trente ans, achevé ce travail, il procéda de la même façon à une seconde révision en y introduisant maints changements et additions. Ceci explique que depuis lors il fut question de deux éditions du Talmud d'Aschi a) Celui-ci d'ailleurs n'acheva pas entièrement l'œuvre entreprise, et ce ne fut que par les recteurs des Académies de Sora et de Poumbaditha, Abina et José qu'elle fut terminée Avec cet achèvement, l'activité des Amoraim cessa graduellement, et les recteurs des Académies reçurent dorénavant le titre de *Saboraim.*

Le Talmud est au nombre des œuvres littéraires les plus remarquables Presque tout y est traité, parce que, durant une période d'environ sept siècles, au cours des événements les plus divers, le peuple Juif a pensé et discuté. Il est tout aussi bien le protocole de ce que les savants ont dit et fait, entourés de leurs amis et connaissances, que de ce qu'ils ont enseigné dans les Académies.

Le Talmud se divise en deux parties principales· la *Halakha* et la *Hagada.* La Halakha (règle), rédigée, le plus souvent, en forme de discussion, vise à expliquer la Mischna, à motiver logiquement la tradition, et au moyen de comparaisons et déductions, à établir des conclusions légales. Elle constitue par la-même la partie juridique de la religion La *Hagada* (le récit, s'occupe de l'interprétation de passages de l'Écriture. en vue de les

---

a) *Bab* ·   · ·

utiliser à l'édification, et comprend des sentences, des règles
de conduite, des légendes, des paraboles, des aperçus d'histoire
naturelle, des prescriptions médicales et hygièniques, qui sont
en rapport, il va de soi, avec le développement que les
sciences avaient atteint alors. Le Talmud babylonien est surtout
riche en Hagadoth, et, dans plusieurs sections (telles que
Berakhoth, *Thaanith* et *Meguilla*), la Hagada est plus étendue
que la partie halakhique. La langue des deux Talmuds est tantôt
araméenne, tantôt rabbinique-hébraïque, les deux dialectes se
fondent de plus en plus l'un dans l'autre, en même temps que
se rapprochant de l'idiôme syriaque dans le Talmud palestinien.

Le Talmud n'a cependant pris sa forme qu'à une époque plus
récente, c'est-à-dire lorsque les recteurs des Académies du pays
de l'Euphrate eurent reçu le nom de *Saboraim* (Interprétateurs).
Ce nom correspondait bien à l'activité des Maîtres de ce siècle.
Ils ne prirent aucune décision basée sur l'autorité d'une tradition
orale, et ils se contentèrent de donner leur propre avis, sans qu'une
force légale quelconque se soit attaché à celui-ci. En dehors de
quelques additions aux Talmuds a), il ne nous est parvenu des
Saboraim que leurs noms et les dates de leur mort.

On cite, comme ayant été le dernier des Saboraim, tantôt
Sinóna b), tantôt avec plus de raison Rabai c), ou même, erronné-
ment, Scheschna qui vivait vers l'an 772 d). C'est de cette époque
que dattent les recueils des conferences hagadiques sur le
Pentateuque et sur les cinq Meguilloth, appelés " *Midrasch Rabba*",
qui sont attribués à Rabba b. Nahmani.

Les troubles politiques de cette époque ont jetté comme un
voile sur la période des Saboraim. Ils entraînèrent aussi, durant
un demi siècle la fermeture des Académies bablyloniennes. Elles
passèrent finalement de Poumbaditha à Phirouz-Schabour, où Mari
b Dimi fonda une académie qui se maintint durant quelques
siècles e). Ce ne fut qu'à la mort de Nouschirvan (589) que

---

a) *Scheuna*, p. 26, Rapport, K° Ch, p. 250, Biull, *Jahrbücher*, II, p. 26
b) *Séder Thanaim Weamoraim*
c) *Scheuna*, p. 34.
d) Ibn Daud, *Sépher Haccabbala*, p. 62
e) *Scheuna*, p. 35.

l'enseignement reprit une allure régulière, lorsque Hanan d'Isqaya devint recteur. Ce fut lui qui instaura cette dignité sous le titre de *Gaon* (pl. Gueonim) (cf. note 1) *a*).

Ce furent de nouveau dans les villes de Sora et de Poumbaditha, qui, depuis longtemps, avaient eu l'honneur d'être le siège des académies principales, que les Gueonim établirent leurs résidences, celui de Sora prenant d'abord le premier rang *b*) Leur installation se faisait par l'Exilarque qui, d'ailleurs, délivrait des diplômes *c*), selon leur capacité, à tous ceux qui postulaient une place de docteur ou de juge. Ces diplômes étaient de trois degrés. Celui qui n'avait etudié que les trois Sedarim qui avaient trait à la vie pratique : les lois concernant les femmes, les fêtes et le droit civil, recevait le titre de *Haham*, celui qui y joignait la connaissauce du 5ᵉ Séder " sanctuaires ", portait le titre de *Rab ;* enfin celui qui connaissait les six Sedarim, c'est-à-dire tout le Talmud, s'appelait *Gaon* (Excellence) *d*).

L'activité des Gueonim, en tant que représentants reconnus du Judaisme, s'est limitée principalement aux réponses (Theschouboth Responsa) faites aux nombreuses questions qui leur étaient adressées. Elles nous ont été conservées dans les differentes éditions des Responsa ou Theschouboth des Gueonim, quoique dans un état très imparfait, et le plus souvent sans indication d'auteur. Elles sont rédigées parfois en arabe, mais le plus souvent en langue talmudique.

Les questions et les réponses n'étaient pas toujours de nature religieuse, mais elles concernaient aussi l'histoire et l'histoire religieuse. Telle fut, par exemple, l'épître de Scherira, un des derniers Gueonim, qui nous a été conservée, et dont nous aurons à parler.

---

a) *Ibid.*

b) *Jouhassin*, ed., Vorsovie, p 132

c) Cf ⁐ ⁐ *Titteratueblatt*, 1886, p 676

d) *Mei* ⁐ *Ibuth*, p. 17.

III.

Scherira bar Chanina Gaon [1], „ le père d'Israel „, *a*), né en 900 *b*) appartenait à une famille de noble origine, ses aïeux, tant paternels que maternels, comptaient des Exilarques *c*) et, après que cette dignité eut dégénérée, ils remplirent des fonctions honorables dans le Gaonat [2].

Scherira fait remonter sa généalogie jusqu'à Zérubabel ben Schéa'thiel et jusqu'au roi David. Ibn Daud dit avoir vu gravé dans le sceau de Haï b. Scherira un lion, ce qui aurait été l'emblème des rois de la Judée *d*).

Scherira était déjà un vieillard quand il entra dans le Gaonat et fonctionna depuis l'année 968, pendant trente ans de suite comme avant-dernier Gaon à Poumbaditha, (le seul siège du Gaonat après la mort de Saadia). Il avait la vocation des recherches historiques et écrivait l'hébreu, l'araméen et l'arabe.

Scherira eût été la personalité la plus apte à empêcher la chute de l'école de Poumbaditha, si déjà il n'eût été trop tard. Le zèle pour l'étude du Talmud avait disparu maintenant de la Babylonie et avait trouvé un nouveau terrain dans l'Europe Occidentale.

Il s'en suivit que, Scherira, malgré ses efforts, ne put rien faire pour le relèvement de l'Ecole. Sa renommée de savant s'étant étendue au loin, de tous côtés des questions ayant trait aux branches les plus diverses de la littérature talmudique, de la Halakha, de l'Agada, des demandes d'explication de mots et de choses, lui étaient adressées *e*); et toujours il y répondit avec ampleur consciencieuse [3] et avec grande compétence. Le goût des sciences ayant disparu de la Babylonie, les savants manquaient pour occuper la chaire d'Ab-beth-Din (Juge suprême); il

---

a) Nachmanides, dans *Milchamoth sur Pessachim*, 158 b.

b) Suivant Ibn Daud ספר הקבלה, ed. Neubauer, p. 67; cf. aussi Zunz, Die gottesdienstlichen Vorträge, p. 305.

c) Scherira. *Epîtres*, p. 23, 4.

d) Ibn Daud, *loc. cit.*, p. 66.

e) Joel Müller, מפתח לתשובות הגאונים *Einleitung in die Responsen der babyl. Geonim*, Berlin 1891, p. 183 et suiv.

en résulta, qu'il resta à Scherira la seule ressource de confier
cette fonction, en l an 985 a), à son fils Haï, à peine agé de
18 ans Cette circonstance peut bien avoir provoqué la suspicion 4
et elle est peut-être la raison, restée inconnue jusqu'à ce jour, de la
calomnie dont Scherira fut accablé auprès du calife Alkadir
(992-1031). A la suite de cette calomnie, tous deux, père et
fils, furent jetés en prison et restèrent jusqu'à ce que, par
l'intercession d'une personne considérée, ils furent rendus à la
liberté et réintégrés dans leurs fonctions antérieures. 5 Scherira
ne garda ses fonctions que pendant un court espace de temps,
remit sa charge à son fils (998) et mourut deux ans plus tard b).

David Aboudraham nous apprend quels honneurs furent décernés
à Scherira et à son fils: le Sabbat, que suivit la mort de
Scherira, on fit dans les Synagogues la lecture de Numeros
27, 15 et suivants et la Haphtara (fin) 1 Rois, 2, 1-12 et au
lieu de la phrase finale " et Salomon s'assit sur le trône de son
père David, on lut „ Haï s'assit sur le trône de son père
Scherira et son pouvoir s'établissait de plus en plus „ c)

IV.

En dehors des nombreuses décisions rituelles (Responsa), qui
nous ont été conservées, il ne nous est resté des travaux scien-
tifiques de Scherira qu'un seul ouvrage d'Agada, connu par les
citations sous le titre de *Meguillath Setarim* (Rouleau des secrets).

Parmi les nombreuses réponses consultations du Gaon il y en
a une, qui se distingue de toutes les autres, et à laquelle notre
Gaon doit sa célébrité. Ce document est d'une valeur inappréciable
et, pour ainsi dire, l'unique source véridique pour la chronologie
de l'époque gaonique. Il est connu sous le titre de **Epître
(Igguéreth) de R. Scherira Gaon.**

Cet écrit, que nous traduisons en français avec un commentaire
contient une chronique des Tanaïm, Amoraïm, Saboraïm et Gueonim.

---

a)   Scherira, *loc, cit* 41,8 c à d deux ans avant la rédaction de la Réponse
b)   V « Haïke » dans la *Monat schrift de Frankel*, 1883, p 182.
c)   Mentionné dans *Jokhouni het-Itton*, XI° année (1880), p 85

Jacob ben Nissim de Kairouan avait demandé au Gaon Scherira,
au nom de cette commune Comment la Mischna, la Thosephtha,
les Baraithoth et le Talmud furent-ils écrits? Pourquoi dans ces
ouvrages, quand les traditions sont réellement si anciennes, ne
cite-t-on que des docteurs d'un temps plus récent ?

Quel ordre chronologique suivit-on pour leur rédaction ? Pourquoi
est-ce R. Chiyya et non pas Rabbi qui a écrit la Thosephtha,
étant donné que celle-ci, comme la Mischna, provient des Tanaim ?
Quel est l'ordre de succession des Saboraim et Gueonim et pendant
combien de temps fonctionnèrent-ils ?

La précision avec laquelle il répondit à ces questions, démontre
l'importance que Scherira attachait à ses fonctions de Gaon. Il
a donné un exposé complet de la Tradition, en tant que cela avait
trait aux questions posées [7] et a fourni un précis historique
d'une remarquable compétence.

Assurément, son travail ne représente pas une histoire au sens
moderne, mais quand on le compare avec des écrits analogues
de son temps, on trouve, que Scherira a tout au moins écrit
aussi bien que ses contemporains. L'étendue et la solidité de la
réponse de Scherira ont du faire apprécier à ceux qui le consultaient
l'étendue de ses connaissances dans ce domaine et les engager à
recourir à lui sur d'autres points concernant la Tradition [8].

Cette réponse est écrite en néo-hébreu et en araméen et présente
aussi plusieurs nouvelles formes et expressions que nous ne
rencontrions pas dans le Talmud. Nous les avons toujours fait
ressortir dans le courant des notes Quelques-unes, toutefois,
méritent d'être mentionneés ici L'emploi surabondant des matres
lectionis, surtout de א, après le Quamez et Pathach Nous croyons
avoir remarqué ici une forme plurielle, inconnue avant les Gueonim,
entre autres celle avec א, pr ex. p. 19 הלכתאתהון; p. 29
טרייפאתא et p. 33 רישואתא etc, que nous pouvons dénommer
„ pluriel gaonique „ Un pronom ind בישׁום et l'expression זוך
דוך, voyez notre note 448

Malgré la haute valeur que nous reconnaissons à cette réponse,
nous ne pouvons cependant passer sous silence, que Scherira a
trop pris au sérieux l'Agada et s'est trop strictement tenu au
texte de celle-ci, quoiqu'ailleurs il dise lui-même expressément,

que l'Agada ne mérite d'être cruc, que quand elle est admissible pour l'esprit humain *a*).

Un exemple le démontrera Scherira admet comme prouvé, que la Thosephta existait déjà du temps de Rabbi en se fondant sur l'Agada de Chaghiga 3' d'après laquelle deux écoliers muets récupérèrent la voix sur la prière de Rabbi, et qu'il se trouva alors qu'ils connaissaient la Mischna, le Siphra, Siphré, la Thosephta et tout le Talmud [9]. D'une source analogue sont nées chez lui certaines assertions, ainsi p. 4,[15] et suivante „ Même les thèses d'Abayi et de Raba appartiennent à de plus anciens „ *b*), 7,[7] „ Les Tanaim n'ont rien ajouté aux sciences des savants de la grande synagogue. „

Néanmoins au XIe siècle, cette Epître fut déjà employée par le premier et le plus important commentateur du Talmud *c*), au XIIIe siècle elle était déjà si connue qu'elle était citée sans nom d'auteur et simplement par les trois premiers mots כיצד נכתבה המשנה *d*); et aujourd'hui encore, elle représente la source principale pour la connaissance de la littérature talmudique

Il est seulement à regretter que ce document si important, ait été tellement altéré dans les éditions actuelles, par les erreurs des copistes, qu'on peut à peine y reconnaître l'original, car, abstraction faite de la partie qui traite de la chronologie des Gueonim, p 35-41, dont nous nous occuperons plus loin, il est encore un autre point non moins important à considérer auquel nous voulons consacrer les lignes suivantes Les écoles espagnole et française, dont la première connaît la tradition sous la forme littéraire [10], la dernière, au contraire, seulement par la transmission orale [11], nous ont laissé deux textes de l'Epître de Scherira comme pour les Halakhoth Guedoloth de Simon Kahira, les Aboth de R Nathan et peut-être encore d'autres ouvrages *c*) Ces deux textes se

---

a) Abraham b Isak, *Schola talmudica etc* réédite par le Dr. Auerbach, Halberstadt 1867, 2º partie, p. 47

b) Voyez. S H Weiss, דור דור ודורשיו, *Zur Geschichte der jud Tradition* IIe partie, 2º edition, p, 187.

c) Salomon b. Isak (Raschi), 1040-1105, dans Guittin, 60 b et *Kithouboth*, 7 b

d) Nachmanides dans son commentaire à Alfasi, *Milchamoth-ha-Schem*, *Kethouboth*, c. 5.

e) Voyez Neubauer dans *Medieval Jewish Chronicles*, Oxford 1887, p VIII et suivantes.

contredisent [12] Il y a donc lieu de se demander lequel est authentique et lequel faux ou falsifié.

Nous tenons résolument le texte espagnol pour le seul vrai. Neubauer dit avec raison „ Not only from the greater consistency of the Aramaic dialect in the Spanish text, a dialect which, as we know from the Responsa of the Geonim, they used in their writing, may it be concluded that this composition is the genuine one, but also from the fact that books, letters and Responsa coming from the East reached Spain and Italy before the came to France and Germany ; and indeed the earliest authorities in Spain, as far as we possess their writings, rely upon the text which is given as the Spanish text „ etc a)

Mais d'autres arguments encore plaident en faveur de la justesse de l'appréciation de Neubauer, d'après qui le texte espagnol est le véritable et les autres éditions ont été falsifiées.

Raschi, qui connaissait notre Responsum et qui le cite souvent b), émet l'opinion qu'au temps des Amoraïm il n'y avait *pas un mot* d'écrit de la Halakha excepté Meguillath Taanith c), il n'aurait certainement pas manqué de citer Scheïna à l'appui si de son temps le texte du Gaon avait contenu la même opinion. On ne se trompe donc pas si l'on en déduit qu'au temps de Raschi il n'existait que le vrai texte comme il nous est présenté dans l editio princeps Mais Raschi était d'un autre avis et ne cite pas Scheïna, l'autre texte cependant fut „ fabriqué „ plus tard par les représentants de l'école française Qu'on consulte encore à ce sujet les excellentes citations de R. Israél Moïse Chasan, dans son édition de Responsa שערי תשובה, Livourne, 1869, p 82 et s^{te}, où il démontre que les éditions françaises ont altéré certains passages sans pourtant réussir à faire accepter leurs leçons qui se laissent facilement reconnaître par un œil exercé

Nous voudrions encore attirer l'attention sur une variante que présente la consultation et par laquelle on reconnaît facilement que le texte français a été altéré et en même temps mutilé. Nous lisons p. 9,13 et suiv וביומי דרבי אסתעייא מילתיה ותרצינהו וכתבינהו והוי טילי דמתניתן כמשה מפי הגבורה אמרן " Au temps de Rabbi

---

a) Neubauer, *loc cit*. p IX.
b) Voyez p XXXIV c).
c) *Eroubin*, 62 et passim.

en parvint à la rédiger et à l'écrire, alors la Mischna devint comme
révélée directement par Dieu à Moïse „, c'est-à-dire que la Mischna
était alors conforme à la loi écrite que Dieu dicta à Moïse. Les
éditions françaises disent וביומי ר׳ איסתיינא מילתהון דמיילי
דמתניתן כמפי:

Tandis que la première phrase citée est très incompréhensible,
la dernière n'a aucun sens, et il est impossible qu'elle soit de la
plume de Scheira. Tout au plus, si cette phrase doit avoir un
sens quelconque, ne peut on lui prêter que la signification de
la première, malgré l'évidente intention contraire de son éditeur
français. On ne peut admettre que Scherira ait accordé une place
dans son Responsum à une tradition non écrite, quand dans le
Responsum, existant dans le n° 187 du *Schaaré Theschouba*, à
la tête du recueil des *Responsa Schaaré Cedeq* (Salonique 1792)
et dans *Chemda Guenouza* (Jérusalem, 1863), Scherira dit formellement „ *Et les six Ordres de la Mischna qui ont été conservés
du temps de Hillel et Schammaï* „

Comment une tradition a-t-elle pu se conserver, si elle n'a
pas été fixée par écrit ?

Quoique Harkavy cherche à démontrer que le Responsum
mentionné en dernier lieu n'appartient pas à Scherira *a)*, ses
allégations sont cependant presque toutes inadmissibles [13]. Comme
argument principal Harkavy allègue, que le langage n'est pas
tout à fait correct. Mais cela n'est pas non plus, croyons nous,
une raison suffisante, pour dénier la paternité du Respensum en
question à Scherira, sous le nom duquel il figure dans les éditions
mentionnées des Responsa Harkavy oublie que des Responsa qui
ont passé par tant de mains ont pu vraisemblablement être
altérés par des copistes distraits Celui-ci est-il l'unique Responsum
altéré ? D'autres Responsa de Scherira, comme ceux d'autres
Gueonim d'ailleurs, ont-ils partout un style clair et des formes
grammaticales inattaquables ? Dirons-nous pour cela que ce sont
tous de fausses copies ? Aussi, Rappaport, le critique considéré,
remarquable surtout dans le domaine de la littérature des anciens

---

a) זכרון לראשונים, *Studien und Mitteilungen aus der kaiserlichen öffentlichen
Bibliothek zu St. Petersburg, IVe Partie Responsen der Geonim* (la
plupart du Xe et XIe siècle) Berlin 1887, p. X et suiv[tes].

Rabbins, ne doute pas que Scherira ne soit l'auteur primitif de
ce Responsum *a*).

VI.

En dehors des éditions connues de l'Epître de Scherira *b*),
il existe encore une édition abrégée d'après un manuscrit du
Musée britannique, publiée pour la première fois par Filipowski,
dans le périodique שומר ציון הנאמן, *c*), puis par Neubauer *d*). Cette
édition, que nous désignons par „ B „ par opposition à la grande,
que nous indiquons par „ A ", correspond au texte véritable
espagnol , elle est, comme le prétend avec raison Neubauer, en
tous cas, la plus ancienne copie de l'Epître de Scherira *e*), mais
n'est nullement l'original lui-même et cela pour les raisons suivantes·
Avant tout, nous ne voyons nulle part, que des Responsa ou
des écrits analogues aient été allongés et substitués sous cette
forme au texte primitif Dans quel but l'aurait il fait d'ailleurs ?
Dans quelle intention pareille entreprise serait-elle conçue ? Par
contre, on comprend aisément, que des Responsa de valeur comme
celui de Scherira, en considération de leur importance, aient été
souvent copiés et abrégés suivant le goût et le besoin des copistes,
comme il est arrivé aussi à d'autres Responsa *f*). Puis, les citations
faites par Raschi, qui a bien eu une édition originale devant lui,
nous les cherchons vainement dans l'édition B. Ils nous manque
également dans l'édition B. des passages du Responsum, mentionnés
par Haï *g*), le fils de Scherira, qui lui, sans aucun doute, pos-
sédait le véritable manuscrit de son père Ensuite l'emploi fréquent
du petit mot כי- etc., que nous remarquons dans l'édition B, indique

---

a) *Bikkouré ha-Ittim*, (XIe année), p. 84 et s^{tes}.

b) Voyez *Note* 12

c) Altona, 1850-1856, N°s 106-116

d) *Lot cit*, p 41-46.

e) Neubauer, *loc cit*, p. XII, semble encore douter si celui-ci n'est
l'original, il dit but is scarcely the original letter

f) Comparez, p ex, N° 11 avec N° 374 dans le *Theschouboth ha-Gueonim*,
ed Harkavy.

g) Recueil de Réponses *Schaaré-Theschouba*, N° 71.

que ce texte n'est pas l'original, mais seulement une reproduction, puisque ce petit mot nous renvoie directement à un texte plus connu et complet. La finale du Responsum dans les deux textes nous amène aussi à la même conclusion. Scherira clôture son écrit aussi bien dans A que dans B, par ‏ומסכיניה להאיי בנינו מן‎ ‏ישיעור ב׳ שנין‎. Il n'y a pas de relation entre cette phrase et celle qui la précède plus haut, dans B. D'après A, au contraire. cette phrase est à sa place, puisque, là aussi, on demande l'ordre chronologique des Gueonim jusqu'à son époque, sur quoi il les récapitule, jusqu'à ce qu'il arrive à son fils Hai, le dernier des Gueonim. Dans B cependant, la question concernant la chronologie des Gueonim manque aussi bien que la réponse.

Enfin, nous trouvons p. 46,₆ ‏ואני יוסף‎ dont il résulte formellement qu'un Joseph est le manipulateur de la véritable Epître de Scherira, il est ainsi l'éditeur de B. Nous croyons être très près de la vérité si nous tenons R. Joseph Tob Elem (Bonfils), de son temps (vers le milieu du XIe siècle) la plus importante des autorités talmudiques, pour l'éditeur de ce Responsum (B) Tob Elem, le rédacteur de la „ Série des Tanaim et Amoraim „ ‏סדר תנאים ואמוראים‎, peu bien avoir copié la chronologie des Tanaim, Amoraim et Saboraim de Scherira, avec l'intention de la reproduire comme étant son travail, ou bien ce qui est aussi possible — puisque son but était d'éditer et de propager d'anciens ouvrages — c'est qu'il ait abrégé le Responsum pour des raisons d'utilité pratique et ne l'ait rendu que dans ses grandes lignes, comme il l'a fait probablement aussi avec la série plus longue des Tanaim et Amoraim a). La partie concernant des Gueonim ne lui a pas paru aussi importante que celle qui concerne des savants plus anciens, parce que celle-ci est propre à rendre le Talmud plus intelligible.

De fait p. 46, ₁₀₋₁₂, il est fait mention de deux Gueonim parce que leur période correspond à l'abolition de deux lois talmudiques b)

L'édition B qui correspond aussi au texte espagnol fait aussi conclure à l'authenticité de ce dernier

---

a) Il . . . . nt . . ‏סדר תנאים ואמוראים האריך‎ et un ‏סדר ת׳וא הקצור‎

b) Voyez . . . .

VII.

Enfin, quelques mots sui la chronologie des Gueonim trouvcront encore leur place ici La partie de l'Epitre traitant de cette époque la fut apparaître tellement troublée que Furst a) avait perdu tout espoir de l'éclaircir. Rappaport b) et Graetz c) ne sont guère paivenus non plus à déméler cette confusion. C'est que Scheirra compte depuis l'an 1000 de l'òre des séleucides jusqu'à Saadya, qui entra en fonctions dans le Gaonat en l'an 239, trente recteuis soraniens, dont le dernier fonctionna, d'après lui, tout au moins jusqu'en 254. Il reste selon lui un suiplus de quinze ans qui doivent être retranchés aux Gueonim succédant à Natronai.

Avant tout, pour rétablir le synchronisme, nous devons faire remaiquer un trait caractéristique de Scheirra, qui se ietrouve du reste également chez Ibn Daud et qui a échappé aux historiens. L'expression היה גאון בשנת ou ומלך בשנת employée pour la série des Gueonim de Poumbadita ne signifie pas toujours, comme Graetz le pense d), le commencement, mais souvent aussi la fin de la fonction C'est surtout le cas poui les sept premiers Gueonim poumbaditaniens du XIᵉ siècle, comme il sera prouvé plus loin. Si nous tenons compte de ce fait, les remarques synchronistiques ielevées par Scherira et d'aatres correspondent sans notable coirection du texte du Responsum de Scheirra. D'apres cela Houna seiait moit eu l'an 1000, Natronai en 1030, Joseph b. Kitnai, en 1050 et Samuel b Mari eu 1059.

En fait, d'après Ibn Daud e), Sacuto f) et Ibn Yachiya g), les Gueonim susnommés meuient à ces époques. Ibn Daud dit méme formellement que l'année 1052 dans laquelle R. Simon Kahira écrivit les *Halakhot Guedoloth* était la troisième année du ministère

---

a) *Orient*, *Litteratui-Blatt*, 9ᵉ année, p. 6 et suiv [tes].

b) *Bikhouré ha-Ittim*, 10ᵉ année, p. 34, note 21.

c) *Monatsschrift fur Geschichte und Wissenschaft des Judentums*, 6ᵉ nnéea, p. 336 et suiv [tes].

d) *Loc cit*

e) *Sépher Hakkabbala*, p. 63

f) *Jouchassin*, ed *Varsoiic*, 1876, p. 139

g) שלשלת הקבלה, ed Varsovie, 1889, p 49 et s [tes].

de Samuel b Mari, de cela il résulte qu'il entra en fonctions en 1050, l'année de la mort de Joseph et la huitième du Gaon de Sora, Samuel · הלכות גדולות בשנת (ר' שמעון קיירא) וחבר אלף נ"ב לשטרות, שהיא שנת ד'ת'ק'א בשנה השלישית לגדולת רב שמואל בר מרי בישנת ח' לגדולת רב שמואל מזרע אמימר ואחריו רב שמואל מרי בישנת ד'ת'ק'ח . tandis qu'auparavant il dit .

Il reconnaît également neuf ans à Samuel b Mari et indique l'année du décès simplement par בשנת . La preuve évidente, qu'on avait l'habitude d'écrire ainsi nous est fournie par le fragment de Damas (page 40 et suivantes du responsum) Il y est dit ואחריו מר ר' צמח בר מר ר' כפנאי ב' שנים וחצי בראש שנת ר'מ'ט, C'est l'année du décès qui est ainsi déterminée comme on le remarque de suite, si l'on compare cette notice avec le texte qui dit: ומלך מר ר' צמח בר מר ר' כפנאי תרתי שנין ופלגא ושכיב בריש שנת ר'מ'ט:

Si nous avons trouvé un point d'appui solide, nous pouvons aller plus loin.

Le premier et le cinquième Gaon de Sora du XI° siècle, Chanina et Mari n'ont pas fonctionné cinq ans mais huit ans Il est vrai que notre texte donne chaque fois le chiffre ה, mais cette lettre peut très-facilement provenir de ח. En effet, pour Mari, il y a confusion dans les mss. entre ces deux signes

Ibn Daud mentionne aussi huit ans pour les deux recteurs. Additionnons maintenant les années de fonctions obtenues de cette façon, jusque et y compris Jéhuda b Nachman 8 + 18 + 18 + 18 + 8 + 1/2 + 3 1/2, Il en résulte que ce Gaon a fonctionné de 1070 à 1074, ou jusqu'à 1073, si nous ne comptons pas les demi années, comme Scherira le fait souvent Cette donnée s'accorde avec ce que dit Scherira de Dudai, qui, d'après lui, fonctionna en l'an 1072 et était Gaon à Poumbaditha en même temps que son frère Judai à Sora · הוא ואחיו היו גאונים בתרתי מתיבתא בפרק אחד:

La durée du fonctionnement des quatre Guéonim suivants jusqu'à Bibai : 5 + 8 + 3 1/2 + 10 1/2 est entièrement correcte, et c'est avec raison que Scherira fait remarquer pour le dernier qu [illegible] achevé ואלין תמת [illegible] nulle part באר שני'

Ensuite, Scherira écrit que Bibai fonctionna juste avec les Gueonim de Poumbaditha, Houna et Menasché, dont les fonctions durèrent de 1096 jusqu'à 1107, à l'époque de l'introduction de l'important décret *de supellectilibus haereditatis*, qui date de l'année 1098 a)

והוא (ביבוי) היה עם מר רב הונא בר מר הלוי ומר רב מנשה גאוני פום בדיתא כשתקנו [ולמגבה] לכתובה [ובעל חוב] מן מטלטלי:

Si nous continuons l'addition, il en résulte que Natronai fonctionna jusqu'à 1181/2, ce qui s'accorde aussi avec la donnée fournie par l'auteur de l'Ittour au nom de Simuel ha-Naguid b), à savoir que de la date du décret précité jusqu'au rectorat de Natronai 82 années se sont écoulées.

Toute la difficulté commence cependant seulement ici, puisque le susdit surplus de quinze ans existe encore et doit être balancé par les Gueonim suivants. Cela n'est toutefois possible que par une correction de texte et cela chez les trois recteurs qui suivent :

1° Amram, comme successeur de Natronai, ne peut avoir fonctionné que huit ans. Chez Scherira ח"י sera résulté de ה. Cette assertion peut s'appuyer sur l'autorité de Saadja Ibn Danon. Celui-ci dit

ר' נטרונאי נפטר ת'ר'ן ואחריו ר' עמרם ונפטר ת'ר'ג'ה.

Graetz c) n'admettait pas cette interprétation, parce que des calculs erronés lui ont fait admettre que Natronai étant mort en 1180, Amram devait être décédé en 1188, ce qui est cependant impossible puisqu'il existe un Responsum de lui datant de 1189 d) Mais si l'on admet avec nous que Natronai aurait fonctionné de 1181/2, cette indication concorde parfaitement.

2° Hilai b. Natronai, n'aura pas fonctionné huit, mais seulement cinq ans, il y a ici, probablement, de nouveau confusion entre ה et ח. Avec Scherira, Ibn Daud et Sacouto nous ne pouvons donner que sept ans de ministère à Schalom b. Mischaél, dont Graetz ne sait que faire, ainsi que treize ans à son successeur, Jacob b. Natronai.

---

a) Voyez Graetz, *Geschichte*, 3e Edit, t V, *Note* 19

b) Mentionné par Graetz, *Monatsschrift*, p 339

c(Graetz, *Geschichte*, t. V, *Note* 1 '

d) *Monatsschrift*, p 340

3° Jom Tob Cahana, comme Graetz le constate avec raison *a*), n'aura fonctionné que deux, et non pas quatre ans.

Nous croyons avoir ainsi tranché le nœud gordien dans la chronologie des Guconim

---

Notre travail a eu pour base le texte de Neubauer, qui, de toutes les éditions et manuscrits, contient les plus importantes variations, en dehors de fragments d'un manuscrit de Damas. Nous les avons empruntés dans nos notes à leur place respective, avec indication des pages et lignes de notre texte, en nous servant des signes suivants · *O* = Manuscrit de le Bodléienne, *H* = Manuscrit autrefois propriété de Halberstam, *p* = Manuscrit de Paris, *P* = Manuscrit de Parme ; *V* = Manuscrit de Vienne ; *o* = Manuscrit d'Oxford, *E* = editio princeps, *M* = *ChofesMatmonim* , *G* = אגרת רב שרירא גאון (édité par B Goldberg) Dans la traduction, nous avons mis entre crochets [ ] les mots qui ne se trouvent que dans le texte espagnol, ce qui dans les notes est indiqué par I, entre les signes < > les mots qui se trouvent seulement dans O ou E. Le texte français est indiqué dans nos notes par H et dans la traduction par ( ).

Nous avons aussi recueilli dans nos notes le fragment du manuscrit de Damas, qui, dans l'édition de Neubauer, est mentionné pp 187-190, et nous l'avons indiqué par „D".

Pour toutes ces éditions et manuscrits, voyez Neubauer, *loc. cit.*, p. IX et suivantes. Il m'a été impossible de consulter la dissertation sur notre sujet se trouvant dans *Kebod ha-Lebanon* (supplément scientifique au périodique *ha-Lebanon*), X° année, tome II, p. 7 et suivantes.

---

a) *Monatsschrift*, p 343.

EPITRE HISTORIQUE

DU

R. SCHERIRA GAON [14]

Vous avez demandé [15]. de quelle manière [16] la Mischna [17] a-t-elle été écrite? Les savants de la grande synagogue [18] ont-ils commencé à l'écrire et leurs successeurs jusqu'à Rabbi [19] qui l'a clôturée [20], l'ont-ils continuée, la plus grande partie de la Mischna est anonyme [21], une Mischna anonyme provient cependant de R. Meïr [22], *la plupart des docteurs [23] qui y sont mentionnés [24], R Méïr, R Juda, R. José et R. Simon, étaient tous des disciples de R. Aqiba, nos maîtres de sainte mémoire nous ont enseigné cependant comme règles du talmud la Halakha est décidée d'après R. Aqiba contre l'avis d'un seul docteur, d'après R. José même contre l'avis de plusieurs et d'après Rabbi contre un seul adversaire a), mais tous ceux-là vécurent seulement à la fin du deuxième Temple, pourquoi [25] donc les anciens [26] savants ont-ils laissé la plus grande partie de ce travail à faire à leurs successeurs ? *La question devient plus grave encore [27], si [de la Mischna] rien n'a été écrit [28] jusqu'à la fin de l'époque de Rabbi [29]. *Ensuite, si l'on classe les Sédarim [30] dans l'ordre qui leur convient [31], pourquoi les traités [32] ont-ils été disposés [33] de cette manière pourquoi Jôma [34] précède-t-il Scheqalim [35], Soucca Jom Tob [36] et tous deux Rôsch ha-Schana [37] ? de même pour chaque traité, qui n'a pas été rangé suivant l'ordre qui lui convient [38] ? Puis, [39] la Thosephta [40] dont nous avons appris que R. Chiyya est l'auteur, a-t-elle été écrite après la clôture [41] de la

a) *Eroubin*, 46

Mischna ou en même temps que celle-ci ? Qu'est-ce qui a déterminé R. Chiyya, à l'écrire ? A-t-il fourni par là un commentaire [42] de la Mischna ? Pourquoi *Rabbi a-t-il négligé de l'écrire lui-même [43], *puisqu'elle provient cependant des [44] docteurs de la Mischna ? Comment *les Baraïthoth [45] et le Talmud [45] ont-ils été écrits ? Quel est ensuite l'ordre successif des Saboraïm [46] après Rabna [47] ? Qui fonctionna après eux [48] et pendant combien de temps fonctionnèrent [49]-ils depuis cette époque à ce jour [50] ?

RÉPONSE — Ainsi nous avons vu que sans aucun doute [51] notre Saint Maître a rédigé [52] (toutes) les six parties de la Mischna, comme on les a enseignées [53], Halakha [54] après Halakha, sans y ajouter ni retrancher quelque chose. Ainsi, nous voyons aussi dans la Guemara Jebamoth a) au chapitre הבא על יבמתו [55] : " *Quand la Mischna fut-elle rédigée ? au temps de Rabbi,, [56]. La question, pourquoi les anciens (docteurs) ont laissé la majeure partie à faire à leurs successeurs, *n'est nullement exacte En réalité *les anciens n'ont pas laissé [57] la majeure partie à leurs successeurs [58], mais tous ceux-ci [59] enseignèrent [60] seulement les doctrines de leurs prédécesseurs en y ajoutant [61] les principes de celles-ci.

Car le savant Hillel [62] disait aux Bené Bethyra quand ils l'élurent Nassi [63] b). Qu'est-ce qui [64] a donné lieu à ce que je devins [65] votre Nassi [66] ? Votre inertie, puisque vous n'êtes pas restés en relations avec les deux grands docteurs du siècle, Schemaya et Abtalyon.

Ainsi, chez les anciens c'était l'usage [67] de ne pas publier [68] leurs noms [69], sauf ceux [les noms] des Président et Vice-Président du Sanhédrin, parce que parmi eux [70], il n'y avait pas de controverse, tous *connaissant à fond les règles [71] de même que le Talmud, ils ont dans leur étude soutenu des thèses [72] et fait des recherches sur chaque mot [73]. Car les Rabbins enseignaient au chapitre יש נוחלין c) Hillel, le savant avait 80 disciples, trente parmi eux auraient été dignes [74] que la Schechina reposât sur eux comme sur Moïse, 30 autres auraient été dignes que le soleil s'arrêtât

a) 64 b

b) *Pessachim* 66 a

c) *Bab* [illegible]

— 3 —

à leur ordre [75] comme à l'ordre de Josué, fils de Noun, et les 20 qui restaient étaient de mérite moyen

Le plus important de tous était Jonathan ben Ouziél, le moins important Rabban [76] Jochanan ben Zaccai. On rapporte de R Jochanan ben Zaccai qu'il n'avait négligé d'étudier ni un passage de la Bible, de la Mischna, ni du Talmud, pas un écrit des Halakhoth, de l'Agada, ni une recherche de Rabbins, pas une des conclusions a minori ad maius [77], par analogie, pas un calcul solaire ni lunaire, pas une fable [78] des blanchisseurs ni des renards, ni le langage des arbres [79], des démons ou des anges ni " une grande chose „, c'est la Théosophie [80] ni " une petite chose „, ce sont les thèses d'Abayi et de Rabba. Cela prouve que même les thèses dénommées d'après Abayi et Rabba ne provenaient pas d'eux *mais appartenaient toutes ensemble [81] à de plus anciens Durant l'existence du temple chaque maître [82] enseignait à ses disciples les motifs de la Bible, de la Mischna et du Talmud, littéralement d'après l'auteur [83] de son temps [84] et les *expliquait à ses élèves [85], afin qu'ils les comprissent La science était plus générale et il ne fallait pas se donner [d'autre] peine [86]. On ne rencontre chez eux qu'une controverse concernant la Semicha [87]. Schammai et Hillel n'étaient eux-mêmes en désaccord que sur trois points. Car nous lisons a) : R. Houna disait : " En trois endroits Schammai et Hillel sont en controverse „ Quand cependant le temple fut détruit et qu'ils vinrent [88] à Béthar [89], quand à son tour Béthar fut détruit et que les docteurs se dispersèrent [90] de tous côtés, à la suite des confusions, persécutions religieuses et du trouble [91] qui régnaient alors, les disciples n'eurent plus suffisamment de relations avec leurs maîtres et de là provinrent les diverses controverses.

Après la mort [92] de Rabba Jochanan b, Zaccai, quand R. Gamaliél, R Dosa b. Harchinos et d'autres de ces [93] anciens vivaient encore [94], il y eut dispute entre les écoles de Schammai et de Hillel [95]. Quoique les principes de l'école Schammai furent rejetés [96], et que la Halakha fût partout [97] réglée d'après ceux de Hillel, il y eut cependant, au temps de R Gamaliél, controverse sur d'autres points entre les disciples de R Jochanan

____

a) *Sabbath*, 15 a

b. Zaccaï, R. Elazar, mis au ban [98], et R. Josoua. De ce temps [99] furent R. José ha-Galili, R. Elazar b. Azarya [100], R. Jochanan ben Nouri, R. Jochanan ben Beroqa [101], R. Chanina b. Tradyon, R. Elazar Chasma [102], Abba Chalaphtha et R. José b. Qisma [103]. Parmi [104] eux Simon b. Azzaï et Simon b. Zôma et beaucoup [d'autres] docteurs *vécurent à la même époque.... [105], comme R. Aqiba, R. Elazar de Modim, R. Juda b. Baba et R. Ismaél. Jusqu'à ce temps-là R. Juda vivait à Nisibis [106]. *Si pendant l'existence du temple il vivait à Nisibis, il y resta aussi après la ruine de celui-ci [107]. Ce fut une époque importante [108], celle du rétablissement après la ruine du temple. On commença à classer les Halakhoth dispersées [109] à la suite de la confusion produite par la destruction du temple, la persécution et les controverses des académies de Schammaï et de Hillel. A cette époque [110], il y avait de nombreux savants ; une partie de ceux-ci occupait des fonctions de docteurs, d'autres suivaient les enseignements en disciples [111]. Il est rapporté a) qu'au temps où R. Elazar b. Azarya fut nommé [112] lecteur de l'école, beaucoup de nouvelles places y ont été ajoutées [113].

R. Jochanan dit qu'Abba José b. Dosthaï [114] et les rabbins sont en ceci d'opinion partagée ; d'après l'un ce serait 400, d'après l'autre 700 sièges d'occupés [115]. *S'ils y vinrent en si grand nombre, à combien pouvait donc bien s'élever leur total ? [116] Après le décès du R. José b. Qisma, R. Aqiba mourut en martyr [117], R. Chanina b. Tradyon fut tué aussi et ainsi diminua [après eux] la science. Il [R. Aqiba] avait de nombreux disciples, la persécution religieuse les atteignit et ceux qui furent épargnés représentèrent ainsi l'espoir d'Israël [118]. Car les Rabbins disent [119] : de Gabbatha [120] à Antipatris [121] R. Aqiba comptait 12,000 paires [122] de disciples, tous furent exécutés entre Pâques et Pentecôte [123]. Spirituellement le monde resta troublé jusqu'au retour [124] des savants, que la persécution avait contraints de se réfugier au Sud de la Judée, à savoir R. Méir, R. Juda, R. Simon et R. Elazar b. Schamoua, qui instruisirent [125] et rétablirent ainsi à cette époque la science, comme on le voit dans Jebamoth b). De tous R. Méir fut le plus parfait, le plus sagace et le plus profond c), en raison

a) *Berakhoth* 28 a
b) 62 b
c) *En [illegible]* [illegible] passim

de quoi, bien qu'il fut encore jeune, R. Aqiba l'ordonna. R. Juda [126]
b. Baba ordonna plus tard les autres disciples de R. Aqiba; celui-ci
ordonna à nouveau R. Méir. Car, nous lisons a) : R. Juda disait
au nom de Rab : " Grâce [127] [vraiment] [128] à l'homme „ par là
est signifié R. Juda b. Baba. Sans [129] lui les lois criminelles
eussent disparu d'Israël. Car, un jour le royaume sacrilège [130]
ordonna une persécution religieuse en décrétant que quiconque
aurait accompli l'acte de l'ordination serait mis à mort, de même
que l'ordonné et que la ville ou la contrée où aurait été ordonné
devait être détruite [131] ; alors R. Juda b. Baba se rendit entre
deux hautes montagnes et deux grandes villes [132], Ouscha et
Séfaram, et y ordonna cinq Zekenim [133] : R. Méir, R. Juda, R. José,
R. Simon et R. Elazar b. Schamoua. R. Awiya pense aussi R.
Nechemya. Là dessus on demande : Rabba bar Chana disait
cependant, au nom de Jochanan, que celui qui prétend que R. Aqiba
n'aurait pas ordonné R. Méir est dans l'erreur ? On répond [134] :
R. Aqiba l'ordonna, seulement en égard à sa jeunesse [135], il
ne l'accepta [136] pas, plus tard cependant, il accepta l'ordination
de R. Juda b. Baba. A cette époque [137] R. Simon b. Gamaliél était
Nassi et R. Nathan de Babel vint et devint Ab-beth-Din. Comme
il est expliqué à la fin de la Guemara Horayoth [138] b) : R. Simon
b. Gamaliél disait à R. Nathan : " Si [139] la ceinture [140] de ton père
t'a aidé [141] à devenir [142] Ab-beth-Din elle ne t'aidera cependant
pas à devenir Nassi. „

R. Méir était [143] le Sage de cette époque, comme il est dit (aussi)
au même passage : Quand R. Nathan et R. Méir entraient [à l'école]
toute l'assemblée se levait. Cette époque fournit [144] des savants
renommés [qui étendirent continuellement l'enseignement] comme
R. Ismaél, fils de Jochanan b. Beroqa, R. Josoua b. Qarcha, [145]
R. Elazar b. Juda, R. Simon b. Juda, R. Elazar, R. Simon,
R. Jacob de כפר הזיטיא, R. Perida, R. Pedath le premier [146],
R. Zecharyah b. ha-Qazab, R. Mathya b. Chéresch, R. Elazar b.
Yirmeya, R. Chanin b. Pinchas, Abba Chanin, Pelimo, Soumachos,
R. Simon b. Elazar, R. Chanina b. Gamaliél [147], *R. Juda b. Gamla [148]
R. Elazar b. Thalaï, R. Pinchas b. Yaïr, R. Jacob [149] b. Doraï,

---

a) *Sanhédrin*, 13 b.
b) 13 b.

Issi b Juda, Chanina b Chakhinai, R Yeschbéth ha-Sophér, R. Elazar ha-Qappar, R Rouben ha-Iztroubouli et d'autres savants encore.

Aussi longtemps que vécut [150] R Simon b. Gamaliél, notre Saint-Maître fut élevé *à l'étude de la Thora [151], car nous lisons a): Quand R. Simon b. Gamaliél et Josoua b Qarcha occupèrent leur chaire de docteurs, ils avaient à leurs pieds Rabbi, R. Elazar b. R. Simon et ils délibéraient. Alors les premiers dirent. Nous acceptons leurs doctrines et ils seront assis par terre? On leur donna [152] des chaises et ils s'assirent. Rabbi apprit chez ces docteurs Car Rabbi disait b). " Quand nous apprîmes chez R Simon à Tepoa, etc. „. C'est d'eux qu'il apprit quelles étaient les règles de la décision dans la Mischna, car Rabbi disait c) " Quand je me rendis chez R. Elazar b. Schamoua [153] pour apprendre la Thora, ses disciples m'entourèrent comme les coqs de Béth-Bouqya [154], et ne me laissèrent apprendre qu'une chose de notre Mischna : " Celui qui consomme le coït avec un hermaphrodite [155] est lapidé, de même que celui qui exécute cet acte avec un homme d). „ *Quand Rabbi succéda à son père [156] dans ses fonctions, il eut avec lui comme disciples les fils [157] de ces sages, comme R. Ismaél b R. José, R José b Juda, R Jacob de כפר היטייא *et d'autres encore [158] R. Chiyya, qui venait de Babel, R Chanina b. R. Chama, R. Aphés, R. Gamaliél, R. Simon, le fils [159] de notre [saint] maître et Jannai, qui étendirent beaucoup la Thora. Durant ces années toutes les Halakhoth furent commentées, aussi bien celles qui étaient restées en suspends [160] à la suite de la grande confusion [161] [qui régna à l'époque de la destruction du temple], que celles qui, dans ces troubles [162], on tenait [163] pour douteuses, en somme, grâce à toutes ces [164] controverses [165] qui surgirent [166] durant ces trois générations, la Halakha est expliquée et connue, non cependant sans que les docteurs eussent fait des recherches extrèmement difficiles sur [167] ce qu'ils ont entendu et appris [168] pour [discerner] quelles furent les doctrines de savants individuels et quelles furent que celles adop-

---

a) *Baba Mecia*, 84 b.

b) *Sabbath*, 147 b.

c) *Yebamoth* 84 a

d) [illegible]

tées par plusieurs. *Toutefois ils n'on rien ajouté aux préceptes des savants [169] de la grande Synagogue, *mais se donnèrent beaucoup de peine et étudièrent avec beaucoup d'application les enseignements de leurs prédécesseurs, jusqu'à ce qu'ils eussent trouvé ce que ceux-ci avaient fait et voulu signifier et que tous leurs doutes fussent éclaircis. Pas un seul de ces docteurs n'a écrit quoique ce soit, jusqu'à la fin du temps [170] de notre Saint Maître, aussi tous n'enseignèrent pas d'après le même texte, ils connaissaient seulement les principes des règles [171], tous étaient d'accord [et n'avaient pas de controverses dans leur enseignement, mais savaient] les règles qui étaient acceptées à l'unanimité et celles sur lesquelles existait une diversité d'opinion, lesquelles étaient des opinions individuelles, lesquelles étaient dues à plusieurs.

Ils n'avaient cependant pas d'enseignement fixé méthodiquement, ni une Mischna connue, d'après laquelle ils auraient pu se régler, afin que tous purent enseigner de la même façon, mais ils connaissaient seulement ces principes de la doctrine [et ce qu'ils avaient entendu]. Cela, chacun l' *enseignait d'après l'ordre et la façon qui lui plaisaient [172], quoiqu'au fond tous fussent d'accord.

Certains se servirent d'un système abrégé, comme nous lisons a) : La Mischna du R. Éliézer est brève, mais claire. *Ensuite nous lisons [173] b) · Qu'on instruise toujours ses disciples d'après une méthode brève ; d'autres [174] enseignaient des généralités [175], d'autres des spécialités, *d autres, enfin, développaient les dogmes et expliquaient d'égal à égal [176].

Chacun enseignait alors de nouveau ce qu'il tenait de son maître, un tel enseignait la même règle plus tôt, un tel plus tard, l'un abrégeait [177] ses expressions, l'autre les étendait.

Il y en eut aussi qui enseignèrent le texte de leur doctrine anonymement [178], tout en sachant que ces doctrines étaient *l'œuvre individuelle d'un seul docteur [179], et nous lisons c). " On est obligé de se servir des expressions de son maître „ ; enfin, d'autres enseignaient, selon leur convenance, ceci d après

---

a) *Éroubin*, 62 b
b) *Pessachim*, 3 b
c) *Edouyyoth*, I, 3 et passim.

un tel maitre, [cela d'après un tel autre maitre]. C'est pourquoi
on lit [180] dans la Guemara [181] " Quel est l'auteur de cette
Halakha ? Un docteur X, et nous disons · D'après l'opinion
de qui est-ce ce que les rabbins enseignaient ? etc. A l'opinion
de qui ressemble ceci ? A celle de ce Maître [182]. „ En plusieurs
endroits [183] il est dit " Celui qui a enseigné ceci n'a pas enseigné
cela „ Nous examinons [184] les prétentions de chacun, et établis-
sons [185] la première partie de la Mischna d'après l'un auteur,
et la dernière partie d'après l'autre [186] *Toutes ces Ha'akhoth
furent appelees Baraitha [187], après la rédaction de notre Mischna
par Rabbi. Il est rapporté que les rabbins avaient primitivement [188]
*treize formes [189] d'investigation dans la Mischna [et Rabbi les
avait appris toutes], comme nous le lisons dans le traité Nedarim a) :
" *Rabbi a appris la Mischna sous treize formes différentes [190],
il en apprit *sept [de celles-ci] [191] à R Chiyya. Quand Rabbi
devint malade et les eut oubliées, [192] R Chiyya en répéta sept
avec lui, *les six autres ont été oubliées [193]. Alors R Chiyya
alla chez un foulon [194] qui les avait apprises de Rabbi, les apprit
de lui et les enseigna au Rabbi Quand Rabbi vit le foulon, il lui
dit : " Tu m'as ranimé et Chiyya et moi, d'autres croient qu'il
aurat dit: Tu as ranimé Chiyya et celui-ci m'a ranimé „ De
tout cela Rabbi conclut qu'il existait une grande diversité dans
les enseignements 'isolés des docteurs, quoiqu'au fond ils corres-
pondissent, il craignait cependant *que cela ne devint pas encore [195],
et n'eut, *par suite de mauvais résultats [196], d'autant plus, qu'il
vit que *l'intelligence diminuait, que la source de la sagesse
tarissait et que la Thora disparaissait [197], comme (nous le lisons
" Si les anciens étaient des anges alors nous sommes des fils
de l'homme, ceux-là étaient-ils les fils de l'homme, alors nous
sommes des ânes, et comme) R. Yochanan disait c) · Le cœur
des premiers était aussi largement ouvert q c l'entrée de vingt
coudées de large de la halle du temple, celui des derniers
l'était comme l'entrée de dix aunes de large du Temple. „ On
explique · les premiers c'est R. Aqiba, les derniers R. Elazar

---

a) 41 a
b) Péah · N h h „, 19 h ·t h
c) h h · a

b) Schamona (On dit ensuite les ongles des premiers sont meilleurs que le corps des derniers).

Le ciel accorda [198] à Rabbi [199] [qu'il eut la Thora et] du bien-être et, aussi longtemps qu'il vécut, on lui fut soumis de tous côtés Comme nous le lisons a) " Raba, fils de Rabba, quelques-uns disent [200] R. Hillel, fils de R. Wallas [201], disait . " de Moïse à Rabbi, on ne rencontre pas la science et la dignité réunies en une seule personne, etc „ [202] Au temps de Rabbi, les rabbins *n'eurent pas à souffrir [203] de la persécution religieuse, *à cause des relations amicales qui existaient entre Antonin et Rabbi [204], il fut décidé [205] de classer la Halakha, *afin que les rabbins ne l'enseignassent [206] plus chacun différemment, mais tous d'une façon uniforme. Avant la destruction du Temple cela était inutile puisque c'était la loi orale [207]. On ne devait pas leur apprendre *le sens des règles [208] connues comme la Thora écrite [209], car ils connaissaient et se faisaient une idée propre du sens [210] en question et le transmettaient alors à leurs disciples, dans les expressions qui leur convenaient, comme ils l'auraient fait d'une conversation, et quand ils s'assemblaient dans le *vestibule du Temple [211] et dans les écoles, ils pouvaient couramment [212] en faire une répétition conforme, *puisqu'ils les possédaient sans crainte ni peur [213] ; le ciel vint aussi à leur aide et ainsi les interprétations de la Thora leur étaient aussi claires, *que si elles avaient été données à Moïse sur le Sinaï [214], puisqu'il n' [y] eut ni substitution [215], ni différence d'opinion. Comme nous lisons b) . (" La Baraitha enseigne) : R. José disait, à l'origine [216] la controverse n'existait pas en Israël, seulement, quand il fallait éclaircir quelque chose, une Cour de Justice, composée de 71 personnes, s'assemblait dans la halle et deux Cours, chacune de 23 personnes, siégeaient, l'une, à l'entrée de la Montagne du Temple, l'autre, à l'entrée de la cour, d'autres cours de 23 personnes siégeaient *dans la ville d'Israël [217], etc. Quand vinrent les disciples de Schammaï et de Hillel, qui n'avaient pas accordé l'attention désirée à leur étude, la diversité

a) Gittin, 59 a

_b) Sanhédr ,, _ [illegible] un et l [illegible]
chapitre II

— 10 —

d'opinions s'accrut en Israél et l'homogénéité de la Thora fut rompue. „

Les rabbins qui suivaient, à l'époque du Rabban Gamaliél [218] et de son fils Simon, discutèrent [219] encore les controverses des différents enseignements élaborés [l'un à la suite de l'autre], mais ne pouvaient plus *enseigner de la même façon [220].

*Au temps de Rabbi [fils du Rabban Simon ben Gamaliél], on réussit [221] à rédiger la Tradition et à la fixer par écrit. Dès lors, la Mischna fut conforme à ce qui avait été révélé par Dieu à Moïse [222]. Significatif et merveilleux en même temps.

Ce n'étaient pas les préceptes individuels [223] de Rabbi, mais ceux de ses prédécesseurs [224]. D'où savons-nous cela ? Une Mischna nous apprend a) : " Il arriva que [225] b. Zaccai examina les queues des figues „ ; sur cela la Guemara dit b) : " Il paraît évident qu'il s'agit ici d'un autre b Zaccai [226]. R. Yochanan b. Zaccai ne peut être visé ici, puisqu'on l'appelle seulement [227] b Zaccai [tandis que celui-là est appelé R. Yochanan b. Zaccai]. „ Et nous demandons : " La Baraitha enseigne [228] : C'était un hasard que *R. Yochanan b Zaccai [229] ait examiné les queues des figues ? Là dessus on répond Il se trouvait comme disciple devant son maître [Hillel] et émettait un avis *qui éclaira ce dernier [230] et le transmit au nom de celui-ci, pour cela il est simplement appelé b. Zaccai. „ On voit par là, que Rabbi a introduit [231], *sans altération, [232] la susdite Baraitha, qui date du temps de Hillel et de Schammai [233], dans notre Mischna. En voici une autre preuve Une Mischna enseigne c) : " De quelle manière relie-t-on aux villes les parties se trouvant à l'extérieur de celles-ci [234] ? Rabbi [235] répondit d) *N'y a-t-il donc personne là qui puisse demander [236] aux Judéens, *puisque ceux-ci sont bien versés dans leur langue [237], si dans la Mischna on a enseigné מאברין ou מעברין [238] ? „ *Par là il est prouvé [239] que Rabbi lui-même, le rédacteur [240] de la Mischna, doutait de la manière dont on l'apprenait [241] *et disait : " Celui qui [242] lit מאברין ne se

---

a) *Sanhédrin*, V, 1.
b) *Ibid*, 41 a
c) *Erubin*, V, 1.
d) *Talmud Erubin* 53 b

tiompe pas [et celui qui lit מעברין ne se trompe pas non plus. Celui qui lit מאברין], puisqu'il le déduit de אבר, l'autre de אשה עוברה. En tous cas, il s'en suit qu'on le transmit [243] ainsi à Rabbi, seulement, les uns l'ont enseigné d'une telle manière, d'autres d'une autre.

Qu'avant [244] Rabbi il y eut déjà une classification [245] en traités, c'est ce qui résulte du passage suivant. Rabbi dit au R. Nathan a). " Voulons-nous cependant dire à R. Simon b. Gamaliél, qu'il doit commencer à apprendre le traité Ouqzin, dans lequel il n'est pas versé. [246] „ R Jacob b Qarschai [247] se mit alors à la fenêtre [248] du grenier, derrière R. Simon b Gamaliél, et lui récita [249] le traité. Celui-ci répondit : " *Quel mal y a-t-il à cela ? [250] et il apprit Ouqzin. „

Il y a aussi des passages que Rabbi ajouta comme explication, p.ex. dans la Mischna, où, primitivement, il était dit b) : " Le jour du Sabbat les enfants peuvent sortir avec des paquets de garance et les princes avec des clochettes „ [251] [Rabbi ajouta et] expliqua [252] · " Cette prescription est obligatoire pour tout le monde, pas seulement pour les enfants et les princes, mais les docteurs parlaient *des cas qui se présentaient ordinairement [253] „.

En dehors de cela, du temps de Rabbi et plus tard aussi [254], plusieurs préceptes ont été ajoutés à la doctrine Comme nous le lisons : " [Ceci est] la Mischna de la première rédaction, dans celle de la dernière il est dit „, etc. Un autre exemple est-le traité Edouyyoth, qui date [255] du jour où R. Elazar b. Azarya *fut élu Nassi [256]. Car nous lisons c) : " *Edouyyoth aussi a été appris ce même jour, et nous avons appris que בו ביום qu'on rencontre dans la Mischna indique le jour [257] que R Elazar b. Azarya fut élevé à la dignité de Nassi [258]. „ d) Et Rabbi établit, là même, des préceptes qui provenaient [259] du temps de son père, comme · " R José disait, en six cas l'école de Schammai facilite, tandis que l'école de Hillel rend plus difficile. „ e), ensuite :

---

a) *Horayoth*, 13 b.
b) *Sablath*, VI, 9.
c) *Berakhoth*, 28 a.
d) Voyez H Graetz, *Geschichte der Juden*, 3e édit, t IV, p 35 et suivantes.
e) *Edouyyoth* V, 2

« R Juda disait Qu'à Dieu ne plaise ' [260] qu Aqabya soit mis au ban ! puisque le Temple n'a jamais donné accès à un Israélite, aussi remarquable, pour sa sagesse et sa pieté qu'Aqabya b Mehalalél „ a), et ainsi de suite Cependant Rabbi a classé dans les Halakhoth "d'autres traites [261], quoiqu'ils provenaient de docteurs antérieurs , *les uns il les a transmis dans leur forme originale [262], les autres modifiés [263] après examen.

*La Mischna anonyme est d'après R. Méir. Non qu'il l'ait composée [264], mais Rabbi la reçut de R Méir [265] telle [266] que celui-ci l'avait enseignée à ses disciples, et de cette façon il la fixa pour le monde entier. R. Méir lui-même avait *emprunté sa manière d'enseigner à son maître R Aqiba [267]. Celui-ci, de son coté [l avait empruntée [268]] à des anciens maitres Car nous lisons b) " La Mischna anonyme est d'après R Méir, la Thosephta anonyme d'après R Nechemya, le Siphra [269] anonyme d'après R. Juda, le Siphré [270] anonyme d'après R Simon, le tout cependant conformément à l'opinion de R Aqiba „ *Tous ces [271] Baraithoth, Thosephta, Siphra et Siphré avaient tous déjà été enseignés par de plus anciens maîtres, c'est seulement alors que R. Juda, R Nechemya et R Simon ont chacun [272] rassemblé leur partie ; ainsi le Siphra par R. Juda, la Thosephta par R. Nechemya, le Siphré par R Simon et la Mischna par R. Méir, mais tout est selon l'opinion de R Aqiba, parce que tous, ils furent ses disciples Nous ne considérons pas les autres Baraithoth parce que celles-ci ne furent pas, comme celles-là, rassemblées ni rédigées par les disciples extrêmement savants et considérés [273] de R. Aqiba [274] C'est ce que [275] R. Simon disait aussi à ses disciples c) : " Mes enfants, apprenez [276] mes normes ' car celles-ci sont choisies [277] parmi les normes spéciales de R Aqiba „, et nous lisons d) " Le cœur des premiers était aussi large que l'entrée de la halle du temple, [celui des derniers, comme l'entrée du temple „ une explication dit : " les premiers] c'est R Aqiba „ [278] 'Les rabbins [279] expliquent e) Adam lui-

<hr>

a) *Edoujyoth*, V, 2

b) *Sanhédrin* 86 a

c) *Guittin*, 67 a

d)

e)

même se réjouissait des enseignements de R. Aqiba, quand Dieu
lui montra chaque siècle avec ses docteurs [280]. *Aussi R. [281]
Dosa b. Harchinos *dit à R Aqiba [282] a) : " Es-ce toi, Aqiba
b Joseph, dont la renommée atteint *d un bout du monde à
l'autre [283] ? Le plus important de tous les disciples de R. Aqiba
[284] fut R Méir. Car nous lisons b) : " R. Acha b. Chanina
disait : " Le Créateur du monde sait bien qu'au temps de R Méir
il n'y eut pas son pareil, pourquoi donc n'a-t-on pas établi la
Halakha conformément à sa décision ? parce que *ses contemporains ne parvinrent pas à approfondir sa véritable opinion [285] ;
c'est que tantôt, il prétendit être bonne, une situation déclarée
rituellement mauvaise, et il le démontra par des pieuves, tantôt
cependant, l'inverse eut lieu „ C'est pourquoi R. Aqiba l'aimait
tant que, déjà dès sa jeunesse, il lui donna l'autorisation. Rabbi
accueillit [286] dans la Halakha la méthode de R. Méir, *qui était
aussi [287] celle de R Aqiba Quand [Rabbi] s'apperçut que cette
[méthode de R Méir] était brève [288] et par là facile à enseigner,
que ses expressions étaient très bien rangées et beaucoup plus
correctes *que celles d'autres docteurs [289], qu'elles ne contenaient
pas un seul mot de trop, mais que chaque mot *avait sa raison
d'être [290], qu'elles ne contenaient non plus rien de défectueux [291]
[ni de superflu], qu'excepté quelques passages, *chaque mot [292]
contenait de grandes et d'admirables choses, qu'il n'était pas
donné à tout docteur de composer ainsi [les enseignements],
comme il est dit dans l'Ecriture c) " Les projets du cœur
appartiennent à l'homme, mais l'exécution vient de l'Eternel „
Quoique tous les docteurs s'accordassent sur les enseignements
fondamentaux et capitaux [293], mais puisque R Aqiba [était] un
savant [294] et que son disciple R Mé.r l'était [aussi], Rabbi
tint leurs enseignements composés [295] pour plus exacts [296] et
meilleurs [que ceux de tous les autres docteurs], c'est pourquoi
il les rassembla, [y] ajouta ce qui était [297] enseigné de son temps,
les classa (aussi) selon sa convenance, expliqua tous les enseignements fondamentaux [298], principalement ceux qui avaient été
sujets à des controverses auxquelles il avait assisté [299], ou

a) *Yebamoth*, 16 a
b) *Eroubin* 16 a
c) *Edouyyouth*, 1, 6

quand des docteurs individuels, qui étaient en controverse, avaient
écrit leurs enseignements d'une manière anonyme *et que ceux-ci
auraient pu occasionner une erreur [300], ceux-là, Rabbi les a
expliqués et a ainsi enlevé tout doute. Car nous apprenons dans
une Mischna a) " R. Juda disait . Pourquoi oppose-t-on, dans
le Canon de la Mischna, les appréciations d'une minorité à celles
d'une majorité puisque les premières sont abrogées ? Cela est
fait pour la raison que, si quelqu'un objecterait et disait ainsi
[on peut lui demander, d'où le sais-tu ? il dira] on me l'a traduit
ainsi, on pourrait lui répliquer, c'est bien suivant l'enseignement
d'un seul maître que tu l'as entendu [301] Si maintenant le monde
entier reconnaissait la classification réussie [302] de la Mischna, la
vérité [303] *et l'exactitude de ses enseignements [304], on délaisserait
[tous] les autres enseignements [305] et étendrait ces Halakhoth
dans tout Israël, toutes [306] les [autres] Halakhoth étant délaissées
et mises au même rang que la Baraitha. ᵀCelui qui étudierait [307]
celles-ci, ne les aurait considérées que comme un commentaire ou
une addition [308] à celles des Halakhoth sur lesquelles Israël se
basait et qu'Israël aurait acceptées s'il les eût trouvées justes [309]
et que ᵃpersonne ne les eût critiquées. C'est de cette manière
que Rabbi a rassemble les six Ordres de la Mischna Non pas
que les anciens aient laissé la plupart à faire à leurs successeurs,
mais ils n'avaient pas besoin de rassembler et d'écrire les
enseignements parce qu'ils les connaissaient d'après la Tradition
et les apprenaient par cœur jusqu'au temps de la destruction
du Temple. Mais plus tard, quand les disciples de ces anciens
ne pouvaient plus apprendre par cœur comme ceux-là, on dût
rassembler la matière à enseigner [310]. Car lorsque R. Ehézer
b. Hourkanos, le disciple distingué [311] de R Yochanan b Zaccai,
fut interrogé sur les enseignements expliqués dans le chapitre
שְׁנֵי שְׂעִירֵי a) (signes) . malade [312], un certain [313], agneau femelle [314],
bâtard [315], maison [316], délit [317] [signes], il ne répondit rien, mais
esquiva les questionneurs *Nous y apprenons même Il ne [318]
les a pas renvoyés avec des paroles mais ne leur répondit pas,
parce qu'il n'exprimait jamais un enseignement sans l'avoir
entendu de son maître.

---

a) ɣ ″ ‟ Ł

— 15 —

'Pour cette raison Rabbi vit la nécessité de rassembler et de
rédiger les six Ordres de la Mischna [319], après qu'un laps de
temps de *deux générations [120] se fut écoulé, depuis la persécution
religieuse [à la destruction du Temple].

Pour ce qui regarde les traités auxquels il manque un ordre
successif, voici ce qui en est Quand Rabbi *rédigea notre
Mischna, [321] il n'avait pas classé ces traités d'après un plan fixe,
mais il enseigna chaque traité isolement comme s'il eût été complet.
Quand maintenant on voulut placer l'un ou l'autre plus tôt ou
plus tard, on pouvait le faire, parce qu'on ignorait, lequel
Rabbi avait enseigné d'abord.

Mais les Halakhoth et les chapitres de chaque traité particulier,
il les a bien classés tels qu'ils sont. Car nous lisons a)
" R Houna disait Dans un seul traité nous ne pûmes pas
constater que la Mischna n'a pas d'ordre de succession, mais
dans deux différents nous vûmes bien que *la Mischna n'a pas
d'ordre parce qu'on peut supposer, pour chaque traité, que Rabbi
l'a enseigné d'abord , de même quand nous rencontrons dans un
traité une leçon anonyme suivie d'une controverse, nous disons [322]
que la Halakha n'est pas décidée d'après les anonymes (ou
d'abord une controverse suivie d'une leçon anonyme, dans le
même traité, là nous disons que la Halakha est déterminée comme
l'anonyme), mais dans deux traités différents cela n'est pas le
cas puisqu'il n'existe pas d'ordre de succession R Joseph aussi
est du même avis, cependant nous disons que les Baboth [323] dans
Neziqin ont, sous ce rapport, été considérés comme un seul traité

Ce que vous demandez ensuite, à savoir pourquoi on a placé
Yôma [324] avant Schequalim : A l'école [325] nous apprenons : Schequalim et après Yôma [324], mais Soucca avant Yom Tob et après
[sans doute] Rosch ha-Schana Il se peut que Rabbi ait enseigné
l'inverse, mais en cela on doit supposer *que Sabbath et Eroubin
doivent se trouver à la tête [326b], parce que Sabbath est beaucoup
plus important, après, [le traité Eroubin, parce qu'il est pareil
à celui-là et traite du même sujet, après, le traité] *Pessachim
puisque celui-ci traite de la fête qui se trouve à la tête [327] de
toutes les fêtes et de tous les jours fériés [de toute l'année] ;

____

a) *Aboda Zara*, 7 a

après, Schequalim, parce que ce traité parle du temps avant la
fête de Pâques et s'appartient par là dans une certaine mesure
au traité Pessachim [328], après Schequalim nous apprenons Yoma
dont la matière ressemble à celle *des traités de Sabbath et
Eroubin, parce que cette fête est égale au Sabbath ; après Yoma
nous apprenons le traité Soucca, parce que c'est une grande fête
et suit immédiatement Yom ha-Kippourim , après, le traité Yom
Tob parce qu'il traite du même sujet, après cela, Rosch ha-
Schana en sorte qu'on apprend ensuite le traité Thaanith, parce
qu'après Rosch ha-Schana suit *le temps des semailles et de la
Rebiah, [329] dont parle le traité Taanith et appartient, pour cette
raison, par certain rapport à Rosch ha Schana. C'est dans cet
ordre que les Rabbins étaient habitués d'enseigner , personne
cependant n'y est tenu, quoique nous voyons que, pour plusieurs [330]
traités, il y eut un ordre successif déterminé. Car on demande
" D'où vient un tel Tanna ? „ Dans le traité Sota a), p. ex ,
dans la Guemara, on demande " Le Tanna ne se rapporte-t-il
pas au traité Nazir ? „ de même dans Schebouoth a) " Le Tanna
ne se rapporte-t-il pas à Maccoth ? „ De là il suit qu'il y existait
un ordre successif [331].

Pour ce qui est de la Thosephtha, *il est hors de doute que
R. Chiyya [332] l'a rédigée. Ce que nous ignorons [333], c'est si
elle fut [rédigée] du vivant de Rabbi, *ou seulement plus tard,
mais ce qui est certain. c'est que *notre Mischna fut rédigée
avant la Thosephtha [334], que les enseignements de celle-ci
suivent seulement plus tard, et ce par rapport à celle-là Il
n'est pas certain que R. Chiyya soit mort avant Rabbi [335], [ou
après lui] *Car dans הוריאש b) on observe, au sujet de l'ordre
de Rabbi, que R Channia b. Chama devrait se placer à la tête
des disciples " Mais R Chiyya vit encore, qui lui est bien
supérieur ' „ A cela on répond [336] " R. Chiyya est déjà mort „

Quoiqu'ailleurs il soit demandé R Chiyya disait cependant
" Je vis la tombe de Rabbi et j'y versai des larmes „, et plus
loin R Chiyya dirait " *A l'occasion du décès de Rabbi la
loi de la Sainteté des prêtres fut suspendue pour un jour [337],

---

a) *Au commencement
b) ·   (b

puis : « Quand Rabbi redevint malade, R. Chiyya lui rendit visite „
etc., mais on répond : « *Si vous voulez, prenez l'inverse, [338] ou
bien si vous voulez, [ne prenez pas l'inverse], puisque R. Chiyya
s'occupait des œuvres de piété, Rabbi ne voulut pas le déranger
en lui confiant les fonctions de recteur. „ Toujours est-il qu'on
ignore qui des deux est mort le premier, Rabbi ou R. Chiyya.
Les docteurs disent néanmoins que *la Tosephtha fut rédigée du
vivant de Rabbi et fut depuis lors enseignée dans les écoles.
Cette appréciation est confirmée dans le traité Chaguiga a) [339],
par l'expression suivante : Il y avait deux cousins muets, d'après
une autre tradition des petits-fils de R. Yochanan Goudgada,
qui demeuraient dans le voisinage [340] de Rabbi ; chaque fois que
Rabbi vint à l'école, ils se placèrent devant lui, remuèrent [341]
leurs lèvres et secouèrent la tête. Il [Rabbi] pria alors pour
eux et ils guérirent [342] ; *alors il se trouva qu'ils connaissaient [343]
la Halakha, le Siphra, le Siphré, la Thosephtha [344] et tout le
Talmud.

Vous demandiez ensuite : Pourquoi R. Chiyya aurait écrit la
Thosephtha et non Rabbi [345] : Pour que Rabbi eût pu *écrire
tout, et réunir [346] dans un livre ce qui était enseigné [347] de son
temps, *les enseignements avaient trop d'ampleur et, pour cette
raison, auraient été oubliés [348]. Voilà pourquoi [349] [notre Saint
Maître] n'a classé [et écrit] que les principaux préceptes comme
l'expression générale [350] et abrégée, [351] et de ces quelques mots
on déduisit *plusieurs enseignements [352] et une foule de [très grandes
et admirables Halakhoth [353]]. Car notre Mischna [354] a été enseignée
avec l'aide de Dieu. C'est alors seulement que R. Chiyya a
déduit dans la Baraïtha ces enseignements spéciaux et différents
*de ces [355] préceptes capitaux et généraux.

La base de la plupart des enseignements, *largement développés [356]
dans la Baraïtha, a été notre Mischna *dont les principes fondamentaux servirent de règle [357]. Comme nous le lisons b) : Ilpha
s'accrocha au *mât d'un navire [358] et dit : « Si *quelqu'un devait
me poser une question [359] concernant la Baraïtha des R. Chiyya
et R. Oschaya, et que je ne puisse pas la lui expliquer par notre

---

a) 3 a.
b) Thaanith 21 a ; Kethouboth 50 b. et Thosephta, ..., chap. VI.

Mischna, je lâcherais le mât et me noyerais. „ Il s'en suit qu'on peut déduire de la Mischna tous les enseignements de R Chiyya et de R Oschaya [360]. Alpha voulait par là profiter de l'occasion, que présentait R. Jochanan, [361] de prouver sa science. Il vint un vieillard [362] qui lui soumit la Baraitha . " Si avant sa mort quelqu'un charge le tuteur désigné de donner toutes les semaines un Schéqel à ses enfants, et qu'il se fait, qu'il leur faut un Séla „ etc. Ilpha l'expliqua par la Mischna, car il est dit . " R Méir dit C'est une obligation religieuse de retenir sincèrement les paroles d'un mort a) „ Même, quand R. Chivya voudrait [363] faire passer, dans la Baraitha, son appréciation à l'encontre de celle de Rabbi, nous ne nous y arrêterons pas , quand, p. ex , Rabbi fait entrer anonymement dans la Mischna une Halakha lui paraissant juste, bien qu'antérieurement il y ait eu, par rapport à celle-ci, une controverse que R. Chiyya voudrait expliquer, cette Halakha n'aurait pas été admise à l'unanimité , quoiqu'elle se trouvât anonymement dans la Mischna, nous nous réglerions cependant d'après la Mischna anonyme et pas *d'après la décision de la controverse des docteurs [364] . " R. Méir et R. José [dans une controverse], la Halakha fut fixée d'après R. José. „ Là où, [dans la Mischna], Rabbi plaça les enseignements de R Méir anonymement, nous nous réglons d'après eux ; cependant, là où il leur a opposé ceux d'autres docteurs, nous nous réglons *d'après la décision usitée [365], p. ex., si R. Méir et R José sont en controverse, la Halakha [366] est décidée d'après R. José. Mais si un enseignement de R. Méir [contredisant ceux de R. José dans la Mischna] convenait à R Chiyya et qu'il l'ait placé anonymement dans la Baraitha [367], nous le rejetons, comme Nachoum, le disciple d'Abouha l'a demandé [368] a) " Quand nous rencontrons dans la Mischna un enseignement anonyme, au sujet duquel il y a controverse dans la Baraitha, d'après quoi nous réglons-nous ? ³Celui-ci répondit . " la Halakha a été fixée d'après la Mischna anonyme. Si, par contre, il y a une controverse dans la Mischna et que la Baraitha est anonyme [369] ? Si Rabbi ne l'a pas enseigné, répliqua R Abouha, d'où R Chiyya le sait-il ? Puisque R. Chiyya fut le disciple de Rabbi, *ce que

---

a) *Yebamoth*, 42 b

celui-ci lui enseigna, il l'enseigna aussi [370], donc R Chiyya *ne connait que ce [371] que Rabbi enseigna „

Aussi a-t-on tenu compte, dans la Baraitha, du sens rigoureusement littéral de la Mischna, comme pour [la controverse] פרוין כעומד *a*) où il est dit " R. Papa est refuté [372], il est refuté et la Halakha est décidée d'après lui. (Sur cela on demande ·) Comment est-il possible de décider la Halakha d'après lui, lorsqu'il a été refuté ? et on répond Cela est possible en ce cas, puisque la conception exacte de la Mischna confirme son appréciation, car dans la Mischna il est dit [373] : Le terrain libre ne doit pas être plus grand que la construction. „

Le Siphra et le Siphré sont des travaux exégétiques, qui déduisent la Halakha de l'Ecriture Sainte, *ce qui était la méthode d'enseignement [374] *des anciens docteurs [375], du temps du deuxième Temple. Quand les rabbins virent que les [autres] Baraithoth, *qui ne proviennent pas de R. Chiyya et de R Oschaya étaient [376] incomplètes, qu'elles contenaient [377] des enseignements spéciaux, *pareils aux enseignements généraux [378] de docteurs individuels, aussi bien que des enseignements incorrects, que *les [Baraithoth] que R. Chiyya et R. Oschaya rédigèrent, étaient meilleures que toutes les autres, alors les rabbins les rassemblèrent [379], les enseignèrent dans les écoles et elles sont indiquées dans la Guemara par תנו רבנן [380]. Malgré cela il y eut cependant d'autres [381] Baraithoth que chacun apprit [382] d'après la tradition de son maitre Même plusieurs Tanaim les apprirent [383], comme Achi, le Tanna de l'école de R Chiyya, Aschiyya [384], le Tanna de l'école de R. Ami et bar Qappara apprirent aussi d'autres Mischnas. En différents endroits [385] nous lisons *b*) " Comme Lewi le dit [386] dans son recueil de Baraithoth [387], *et Lewi le fixa dans son recueil de Baraithoth [388] .[389] „ Chacun *d'eux avait [390] ainsi un recueil de Baraithoth pour chaque traité. Comme nous le lisons *c*) " R. Scherabya [391] apprit le traité Qiddouschin, qui provenait de l'école de Lewi „ et celui-ci était aussi un disciple de Rabbi [392], comme Bar Qappara, R Chiyya

---

a) *Eroubin*, 16 b

b) *Baba Mena*, 48 a.

c) *Qiddouschin*,, 76 b

et R Oschaya Les docteurs de Babylone, [qui vécurent] avant
notre Saint Maitre avaient aussi un recueil de Baraithoth, car,
par suite de l'application aux études dans les Académies, les
enseignements s'etaient très-répandus parmi eux Car on apprend
dans la Mischna a) R Aqiba disait " Quand je me rendis à
Néhardea pour déterminer l'année bissextile ,, etc , à Poumbaditha,
où vivait *R Chanina, le cousin de R. Josoua [393], l'etude était
egalement importante Puisqu'on apprend dans la Baraitha b)
" Qu'on aille à la bonne Cour de Justice ,, ce qui, d'après ce
qu'on explique, vise R Chanina [394], le cousin de R Josoua, à
Gola. Poumbaditha était appelée Gola, parce que *les torches
qui servaient de signaux furent allumées là [395] (c'est que la cour
de Justice était là). Comme nous l'apprenons dans la Mischna c)
· Les torches aux signaux devaient ètre agitées assez longtemps,
pour qu'on vit tout Gola comme embrasée. ,, Sur quoi l'on
demande " qu'entend-on par le nom de Gola ' (Abayi dit)
Poumbaditha ,, Le savant Hillel était venu de la Babylonie et
fut nommé Nassi, en Palestine Du vivant de Rabbi, et plus tard
encore. ces Baraithoth babyloniennes furent appelées, en Palestine, " Mischna de R Nathan , On parle dans quelques passages
également de Mar Samuel " On apprend dans la Baraitha de
l'école de Samuel ,, d) Les Baraithoth enseignées par les anciens
docteurs *n'ont pas été transmises au nom de R Aquiba [396],
car nous voyons en differents endroits · דבי ר' ישמעאל [397] תנא,
et תנא דבי אליעזר בן יעקב Les tout premiers avaient aussi
déjà une Baraitha, comme nous le lisons dans le traité Eroubin e)
" Rabba bar Mari apprit *dans l'académie de R Yochanan [398]
b Zaccai. ,, Toutes ces Baraithoth *n'ont pas généralement été
reconnues [399] comme celles de R Chivya et de R Oschaya, et,
quand on les mentionne [400], on ne se sert pas de l'expression
תנו רבנן, mais תניא ou והתנא תנא

Le Siphra et le Siphre n'ont pas ete non plus tout de suite

---

a) *Kethouboth*, XVI, 17.
b) *Sanhédrin*, 32 b
c) *Rosch-ha-Schana*, II, 4.
d) *Béça, 29 a, l'roubin*, 80 a
e) 1

répandus dans les académies comme notre Mischna [101], qui, immédiatement après son achèvement, a été répandue dans toute la Palestine, mais seulement peu à peu (Comme nous le lisons a). R. Yochanan disait à Resch Laqisch : " J'ai vu ben Pedath *assis expliquant l'Ecriture Sainte comme Moïse, qui l'avait reçu de [102] Dieu „ Sur ce on répondit [à Resch-Laqisch] " ce n'est pas sa propre explication, mais celle d'une Baraitha du livre des prêtres R. Yochanan alla, l'apprit en trois jours et l'expliqua en trois mois, , plus tard seulement le Siphra, le Siphié, la Thosephtha et tout le Talmud furent sanctionnés [103]

Toutes ces Baraithoth sont innombrables et chacun les apprit de [104] son maître Comme nous le lisons b) · R. Papa b Abba [105] rencontra Rabba b Saul [106] et lui demanda " Mon maître avez-vous enseigné quelque chose *concernant un mercenaire [107] „ " Nous l'avons appris „, répondit ce dernier.

Aux Amoraim qui vécurent après Rabbi, *ces Baraithoth [108] vinrent souvent à point, car par elles ils eurent l'explication de tous les profonds enseignements indiqués brièvement seulement dans la Mischna, et de ces explications *ils firent dériver des enseignements secondaires [109], des innovations et des déductions. *Puisque Rabbi n'a établi [110] que les principes fondamentaux et n'a pas expliqué les Analogies [qui leurs étaient propres], les docteurs suivants devaient donc discuter les thèses et avoir l'explication, *à d'autres il fallait les Baraithoth pour prouver, à l'aide d'elles, l'analogie de différents et afin de les ramener ainsi à leur principe fondamental [111] Car nous lisons c) " Quand R. Chisda et R. Schescheth se rencontrèrent, le premier fut étonné des multiples connaissances que le dernier avait de la Baraitha, le dernier, à son tour, fut étonné de la façon approfondie de discuter du premier „ Les Rabbins louaient [112] celui qui avait appris beaucoup [de Baraithoth] ; puisque celles-ci lui découvrent les motifs de la Thora. Parce que, [instruit et savant, il] verra quel Tanna a fourni des enseignements abrégés, et lequel des enseignements développés, il pourra ainsi distinguer

a) *Yebamoth*, 72 b
b) *Schloucth*, 15 ↲
c) *Eroubin*, 17 .

une Mischna confuse d'une Mischna claire Comme [413] R. Acha
b. Chanina explique au nom de R Ami, celui-ci au nom de
R. Assa, celui-ci de nouveau au nom de R. Yochanan le sens
suivant a) : " Car par une sage disposition tu peux lutter avec
succès. „ A qui est-il possible d'entreprendre une discussion de
la Thora ? A celui qui possède des quantités [414] de préceptes de
la Mischna.

R. Joseph s'appliqua [415] à lui-même la phrase b) " La vigueur
du bœuf donne un riche revenu „ c) [416] Quoique celui qui a
appris beaucoup, mais n'est pas habitué à discuter des thèses
pour en *déduire des enseignements [417] qui ne sont pas expres-
sivement mentionnés [dans la Mischna], ne [418] puisse être apte à
collationner de pareils enseignements et de retrouver [419] leur
principe initial [dans une Mischna], il est cependant à préférer
à celui qui discute et explique sans posséder des connaissances
de la Mischna ni [420] des traditions de ce genre. [Pour quelle
raison ?] Car le savant sait déduire une loi *de ce [421] qui est
dans la pratique, mais celui qui n'a que l'intelligence ne le peut
pas, puisqu'il ne connait pas la Tradition et *il fera une
déduction [422] suivant son intelligence , le savant le fera [423], lui,
à l'aide des traditions reçues et pas uniquement *par la réflexion [424].

Quand les Amoraim sont en controverse et que la decision
rituelle s'accorde avec l'appréciation de l'un, tandis que la
Baraitha s'accorde avec celle de l'autre, celle qui est appuyée
[par notre Mischna] servira de règle Comme [425] nous le lisons
dans שחיטת קדשים [426] d) : " Jizchaq bar R. Juda, qui suivit
d'abord les conférences du Rami bar Chama, ensuite celles du
R. Schéscheth, répondit au premier, quand celui-ci lui en demanda [427]
la raison et dit l'Arqaphtha [228] *vous a conduit par la main,
de là vous est venu l'ambition [429], puisque vous êtes allé chez
R. Schéscheth, [vous lui etes égal] [310]. „ " La raison pour laquelle
j'ai négligé vos conférences ne réside pas dans mon orgueil,
[mais en ceci que,] si je vous pose une question, vous la discutez à

a) *Proverbes*, XXIV, 6.
b) *Ibid* , XIV, 4
c) *Sanhédrin*, 42 a
d) *Z ....* , ...

son propre point de vue, qui, *si l'on consulte une Baraitha contradictoire, doit être écarté comme étant réfuté [131] Si par contre, je pose une question à R. Schéscheth, il me la discute à l'aide d'une Baraitha, et même dans le cas où il se trouverait une Baraitha la contredisant [132], *il me dit l'une Baraitha vaut l'autre [133] Rami repliqua " Posez-moi une question et je vous la discuterai selon ma propre appréciation, *qui cependant se trouvera être d'accord avec une Baraitha [134] , R. Isaic demanda · Quand on bout dans une partie d'un vase l'offrande pour les péchés, tout [135] le vase doit-il alors être rincé et lavé ou cela n'est-il pas nécessaire ? Rami répondit " Non „, (pourquoi ?) c'est la même chose que la loi rituelle concernant l'éclaboussure que fait sur un vêtement, le sang de la victime de l'offrande pour les péchés , l'autre lui objecta Dans la Baraitha nous avons cependant appris autre chose, savoir Quand on a bouilli quelque chose dans une partie d'un vase, le vase entier nécessite un rinçage et un lavage, ce qui lors de l'éclaboussure du sang n'est pas le cas Sur cela celui-ci repondit " Si cela a été enseigné pareillement, qu'il en soit ainsi „ Voilà pourquoi [136] on répondit [137] de la Palestine, quand on demanda qui [138] on nommerait Recteur, Rabba, le perspicace, ou R. Joseph, l'érudit — comme nous le disions, celui-ci appliqua à lui-même la phrase La viguenr du bœuf donne un riche revenu — que celui qui sait beaucoup est à préférer, car tous ont besoin de celui qui possède la sagesse [c'est la Tradition] *Voilà ce [139] qui a engagé R. Chiyya à rédiger ses Baraithoth, *qui maintenant [140] sont (seules) apprises [141] dans les écoles , parce que tous les autres recueils contenaient des thèses *très vagues et des répétitions [142]. Après un examen approfondi, les rabbins ont cependant fait entrer [143] plusieurs de celles-ci dans le Talmud, le restant a été négligé comme superflu. Même les Baraithoth *des docteurs babyloniens Rab et Samuel [144], qui étaient correctes et classées, comme nous le lisons dans le traité Yoma a), lors de la dissertation sur [145] le taureau et le bouc, qui avaient été offerts hors du Temple, Rabba dit · " la Mischna ne saurait *être expliquée que, ou bien, suivant la Baraitha de R. Eliézer de l'école de Samuel, ou bien, suivant l'appréciation de R. Aqiba dans la

____

a) 70 a

Thosephtha „ [446], malgré cela, on a écarté toutefois [celle] [447] de l'école de Samuel (et de semblables) [448]. Si nous rencontrons (maintenant) d'autres recueils [449] de Baraitha, nous ne sommes pas tenus de nous y conformer, puisqu'ils n'ont pas été enseignés dans les écoles, et que par là, nous ne sommes pas certains *que nous pouvons y ajouter foi [450]. Car *seulement ceux de R. Chiyya ont été enseignés dans les écoles [451]. Quant aux autres Baraithoth, appelées (par les rabbins) " les courtes „ [452], comme les *Hilkhoth, Dérekh Erez* [453] et les [autres] Haggadoth, elles ne peuvent pas être utilisées pour en induire des décisions.

Relativement au Talmud au sujet duquel *vous questionniez [454], les tous premiers docteurs avaient [455] aussi le leur. Car il est mentionné, qu'ils avaient [456] des Halakhoth qu'ils étudiaient ; *comme nous le lisons [457] dans la Mischna a) " Il arriva que Ben Zaccaï examina les queues des figues. „ Si tous n'[enseignaient] pas de la même façon [ni avec les mêmes expressions], *tous cependant étaient d'accord sur les enseignements capitaux, avec cette différence, que chacun enseignait suivant un procédé spécial et d'après la tradition de son maître, mais leurs Halakhoth et principes fondamentaux étaient les mêmes, bien *que les manières d'enseigner [458] différassent entre-elles [459]. Leurs [460] enseignements capitaux étaient : Conclusions a minori ad maius [461], *conclusions par analogie [462], des règles exégétiques, auxquelles [463] se rapportent aussi les treize règles *de R. Ismaël [464], comme d'autres règles (encore), comme la transposition d'une phrase biblique [465], des additions ou des retranchements [466], *la démonstration de préceptes de l'Ecriture Sainte [467], (l'explication) de textes bibliques se rapprochant [468], analogie de choses, deux passages de l'Ecriture Sainte sur la même matière ne prouvent rien, preuve du précédent par le suivant, qui trop embrasse mal étreint [469], l'explication [470] du sens du passage de la Bible, la réduction, l'augmentation et l'interprétation [471], *soit la version traditionnelle d'un mot, soit le texte traditionnel font naître des règles de l'exégèse [472], (anagramme [473]), ici il est dit comme plus haut [574], un verset peut tout aussi bien interpréter ce qui lui précède médiatement ou immédiatement [475], il ne perd pas sa signification ordinaire,

____

a) *Sanhédrin* V, 1

— 25 —

[il n'y a pas] d'ordre successif [dans la Thora], l'Ecriture se
sert de la (manière de parler accoutumée), un signe, une idée
convenant au passage où elle se trouve peut être appliquée
à un autre, une phrase qui doit être complétée à l'aide d'une
phrase parallèle, une idée qui ne convient pas aux deux passages,
où elle se trouve, peut être appliquée à l'un d'eux [476], un chapitre
de la Bible qui se représente fréquemment [indique un nouvel
enseignement], on peut le déduire d'où l'on veut, mais cela doit
rester à sa place, il suffit que ce qui résulte de la conclusion
acquière la même valeur que ce dont cela a été déduit, et
beaucoup de règles semblables que (ces) anciens firent servir à
leurs études pour déduire la Halakha [477] de l'Ecriture Sainte.
Comme R. Abbahou le disait au nom de R. Yochanan a)
“ R. Mén avait un disciple nommé Summachos qui était en
état de produire quarante-huit arguments pour chaque objet
rituellement impur et autant pour l'objet pur *Ils avaient de
même [478] d'autres méthodes *à l'usage de leurs études, comme la
déduction et la réduction [479]. Voici encore une preuve que les
anciens avaient un Talmud · Car R Yochanan b Zaccaï dit b)
qu'il avait étudié d'avance les dissertations d'Abayi et de Raba
Dans la Mischna on dit également c) “ R Juda disait Soyez
prudent dans l'étude du Talmud [480], car une erreur dans le Talmud
est égale à une infraction volontaire „ Dans une Baraïtha on
dit aussi d) · ‘ L'étude de la Bible est une étude imparfaite,
celle de la Mischna une étude parfaite, pour laquelle *on participera [481] à la récompense divine, l'étude du Talmud est l'étude
par excellence „ Après que Rabbi eut rédigé la Halakha [et
sa Mischna], existait déjà le Talmud dans lequel étaient interprétés
les dissertations de la Mischna, les enseignements spéciaux et
généraux aussi bien que les motifs des recherches [482]. Comme la
Baraïtha l'enseigne e) · Préférer l'étude de la Mischna à celle
du Talmud „ Sur quoi on demande : “ C'est sans doute une

---

a) *Éroubin*, 13 b,
b) *Soucca*, 28 a
c) *Aboth*, IV, 13
d) *Baba Mécia*, 33 a
e) *Ibidem.*

contradiction formelle, d'abord on dit : " le Talmud est l'étude
par excellence „ et puis . " la Mischna lui est préférable ? „ A cela
R Yochanan répondit : " Du vivant de Rabbi on enjoignit le
premier ordre, mais comme on avait abandonné entièrement la
Mischna [483] pour s'adonner au Talmud, alors Rabbi déduisit de
l'Ecriture la phrase . préférez (toujours) la Mischna au Talmud. „
Quel verset de l'Ecriture a-t-il employé pour cette déduction ?
D'après l'interprétation de R. Juda b Ilai , il est dit a) .
" Faites connaître son apostasie à mon peuple et leurs péchés à
ceux de la maison de Jacob. „ " Faites connaître son apostasie
à mon peuple, „ concerne les savants, dont les erreurs [484] sont
considérées comme des infractions volontaires " et à ceux de la
maison de Jacob leurs péchés, „ ce sont les ignorants, dont les
violations volontaires sont considérées comme des erreurs. Partant
de cette interprétation, Rabbi émit le jugement suivant : " Soyez
prudent dans l'étude du Talmud, car, là, toute erreur vous sera
comptée comme une infraction volontaire. „ Le Talmud, c'est la
science des anciens, par laquelle ils interprétèrent les arguments
de la Mischna Comme la Baraitha l'enseigne b) Quand on
parle du maître de quelqu'un, dans la Mischna, on ne veut
désigner par là, ni le professeur de la Bible, ni celui de la
Mischna, mais seulement son maître du Talmud, d'autres croient
qu'on veut indiquer par là le maître qui nous a enseigné
la science ; les deux appréciations sont les mèmes [car on dit
Ni le professeur de la Bible, ni celui de la Mischna, mais
seulement celui qui enseigna le Talmud]. *Voilà le texte de
R Mén. R. Juda [485] disait cependant On nomme le maître de
quelqu'un, celui-là auquel on doit la plus grande partie de son
savoir. R. José dit · Même s'il ne lui fit comprendre clairement
qu'une seule Mischna, il sera son maître. Rabba disait. comme,
p ex , R Sechora qui m'a enseigné זומא ליסטרן [486]. Jusqu'à la
mort de Rabbi ces anciens n'avaient pas *d'ouvrage écrit, ils
apprenaient plutôt par cœur et ils n'ont annoté que des explications,
que nous (et nos pareils) nous employons encore aujourd'hui [487]
pour nos disciples [car ils apprenaient tout]. La façon d'écrire

a) *Isaïe*, LVIII. 1.
b) *Baba Mecia*, 33 a.

différait beaucoup (chacun écrivait comme il lui plaisait) ; c'est ainsi qu'ils expliquèrent la Mischna, et ces explications ils les appelèrent Talmud. La science était grande, c'est pourquoi ils n'eurent qu'à écrire les enseignements capitaux Mais quand la Mischna fut terminée [488] et que Rabbi fut mort, alors la sagesse diminua et on dut rassembler le Talmud, pour pouvoir l'étudier. On ajouta également beaucoup de nouveau aux prescriptions des anciens ; comme il est demandé souvent : " D'où vient cet enseignement ? „ " Nous interprétons [des versets de l'Ecriture] „. De chaque enseignement primordial, ils déduisirent des conclusions et des théorèmes [489], pour découvrir ainsi comment les enseignements étaient anciennement composés ; puis ils expliquèrent, ce *que ces anciens n'avaient pas eu besoin de faire [490], les enseignements difficilement intelligibles , ces anciens, dont la sagesse était remarquable [n'avaient pas besoin de ces explications], mais plus tard, la sagesse diminua. *Car on apprend dans une Baraitha [491] a) : Avec la mort de R. Eliézer le Livre de la Loi a disparu, avec la mort de R. Josua le jugement, [la modestie] et la réflexion, et avec la mort de R. Aqiba l'enseignement de la Thora et les sources de la sagesse se sont taries. *Il en était ainsi également du vivant de Rabbi. Plus tard, d'autres recherches furent faites encore, et la raison d'être de chaque enseignement fut discutée, comme il est demandé souvent · " Qui a enseigné cela ainsi, pourquoi ceci a-t-il encore été enseigné? „ Là, où on ne connaît pas de réponse [492] à de pareilles questions, on trouve : [493] " Ici Rabbi a enseigné une Mischna superflue „ on démontre [494] la nécessité de chacun de ces renseignements en demandant : Que nous y fait-il entendre ? et on *explique alors les enseignements spéciaux et on rassemble les analogies [495]. Quand Rabbi rencontra de pareils enseignements, *il expliqua [496] comment la Halakha doit être décidée. Mais les suivants avaient des dissertations de thèses, dont les anciens n'avaient eu aucun besoin. (Par exemple), quand un enseignement quelconque semblait clair à Rabbi, mais cependant pas aux docteurs suivants, *ils ne leur accordaient pas d'autorité [497] , p. ex., quand [Rabbi] reproduisait anonymement les enseignements appartenant à un seul docteur, [parce

a) *Sôta*, 49 b.

que sa décision] lui semblait claire, quoiqu'elle ne le fût pas aux
docteurs suivants, comme le cas se présente au chapitre מצות חליצה
(et ailleurs encore) où Rabbi plaça anonymement les enseignements
d'un seul docteur, parce qu'ils lui convenaient Comme nous le
lisons dans le traité Kethouboth, chapitre אלמנה a) " D'après
l'opinion de qui cela [498] est-il ? „ " D'après celle de R. Simon „,
*puis, au chapitre מי שמת b), à la discussion si l'on peut
acquérir le jour du Sabbath les biens d'un mourant [499], il est
dit " Notre Mischna [500] est d'après l'appréciation de R Juda [501] „
Puis au chapitre הוציאו לו את הכף c), *on donna également
des indications [502], il y a encore beaucoup de passages semblables,
où on demande [comme qui ? comme un tel] docteur [et] il
l'enseigna au nom d'un seul docteur, [quoique Rabbi [503] l'ait
placé anonymement] et nous ne nous réglons pas d'après celui-ci.
Mais, si un pareil enseignement anonyme [504] s'oppose à une
controverse, alors il vaut [beaucoup] plus Comme il est enseigné
dans la Mischna d) " La Chaliza [505] et les refus [506] doivent
avoir lieu en présence d'un collège de trois membres „, ce qui
est expliqué au chapitre מצות חליצה e) Un autre exemple, où
Rabbi présenta la sentence d'un seul docteur sous la forme
" Les savants enseignèrent „, afin qu'on se réglât d'après cela.
Comme R. Chiyya bar Abba le disait [507] au nom de R Yochanan f)
" Les enseignements de R Méir, concernant l'abattage d'un animal
et de son petit le même jour, plurent à Rabbi, *de même, les
enseignements de R. Simon, concernant le recouvrement du sang
au moment de l'abattage, lui plurent et il les enseigna au nom
des Sages [508] „ De ceci nous retenons (aussi) qu'une Mischna
anonyme transmise d'après R Méir n'a pas lui-même comme
auteur, *mais qu'elle provient de ses maîtres, *qui l'avaient reçue
de R. Aqiba C'est pour cette raison que Rabbi plaça l'enseignement de R. Méir concernant אותו ואת בנו [508], au nom des
Sages, parce qu'il savait qu'il provenait de ses maîtres [509] Le

<hr>

a)   96 b
b)   *Baba Bathra*, 156 b
c)   *Yôma*, 59 a.
d)   *Sanhédrin*, 11
e)   *Yebamoth*, 101 b
f)   [illegible]

même cas se présente pour la Mischna שיאור ישרף a). Là, nous apprenons : Les Sages disent . " Celui qui mange ceci ou cela, s'attire la peine de l'extermination. „ Ce théorème n'est pas enseigné en son nom [celui de R. Méir], *qui est en controverse [510] avec R Juda, afin qu'on ne s'y trompe [511] pas et qu'on *se conduise d'après la règle ordinaire [512] ר' מאיר ור' יהודה הלכה כר' יהודה, *puisqu'ici la Halakha [513] a été décidée d'après R. Méir. Car Raba disait b) : " Avec quoi R. Méir étaya-t-il son appréciation ?„ " La pâte n'a pas de fente extérieure, etc. „ Nous l'avons également appris. „ Plus tard les Amoraim [514] ont expliqué ces enseignements dans le Talmud. Là, où ils étaient d'accord avec l'appréciation de Rabbi, *ils publiaient l'enseignement qui dut être déterminé d'après un seul, mais là, où ils ne l'étaient pas, ils ne les publiaient pas [515]. Comme au chapitre המביא du traité Yom Tob c) : R. Juda dit au nom de Samuel . " Les jours de fêtes on n'introduira pas de bois dans la maison, sauf celui *qui se trouvera préparé [516] dans un *enclos fermé [517]. „ Sur cela on demande . " Nous avons cependant appris dans la Mischna d) : " On peut même amener dans la maison du bois qui se trouve dispersé dans l'enclos ? Samuel est réfuté par là „. Cette Mischna, répond-on, est l'opinion d'un seul en faveur de laquelle est (aussi) produite une preuve d'une Baraïtha. Si nous trouvons dans une Mischna un enseignement embrouillé [218], dont il faut tirer [519] quelque chose [520], pour répondre à une question posée, nous disons " tirez en ceci ou cela „ Ainsi il est également dit au chapitre אותו ואת בנו e) " R Chiyya disait au nom de R. Yochanan : עגלה ערופה et פרת חטאת n'ont pas été appris dans la Mischna „. Il s'en suit que [quand] une Mischna est demandée [521] et qu'elle ne serait pas appuyée *d'une Baraïtha, même à cause d'une opinion, toute la Mischna sera abandonnée [522]. Comme il est enseigné dans le traité Toharoth f) : " Un affinoir dont les dents ont été brisées. „ Sur cela R. Yochanan et Resch-

---

a) *Pessachim*, III, 5.

b) *Ibid.*, 48 b.

c) *Béça*, 31 a

d) *Béça*, IV, 2.

e) *Choullin*, 82 a

f) *Kélim*, XIII, 8.

Laqisch disent au chapitre ההוליןֹ a) ' Cela est une Mischna incorrecte et nous ne nous réglons pas d'après elle, parce que les docteurs du Talmud, traduisant scrupuleasement, ajoutent encore le suivant, etc „ Si c'est nécessaire, on peut abréger [ou expliquer] une Mischna, il en est de même pour expliquer une Mischna altérée à l'aide d'une Baraitha correcte Comme une Mischna •nous l'apprend b) 523 " Un laïque ne pourra manger, comme un prêtre, d'un animal premier-né, l'école de Hillel le permet même à un non-Israélite „ Sur quoi on explique dans la Guemara 524 c) La dernière opinion est, à proprement parler, celle de R. Aqiba de cette Baraitha d'après laquelle la Halakha fut décidée 525, *car R. Aqiba disait, 526, *même des non-Israélites pourront y prendre part 527 Quand des Tanaim sont en controverse, on précise 528 [et on explique] le motif de [tous] ceux-ci, on recherche 529 alors une Baraitha par laquelle on puisse, soit expliquer la chose, soit répondre au sujet dont il est question Quand on en a trouvé une pareille, on demande, comme R Jérémie 'le dit à R. Zeira, au chapitre הישולה du traité Guittin d) . " Sortez et revoyez attentivement *votre Mekhiltha ! „ Une enquête approfondie est faite 530, afin de parvenir à découvrir le motif de chacun de ceux dont proviennent les enseignements et d'après l'appréciation de qui ils sont , excepté les controverses des Amoraim, leurs questions, enseignements, réfutations 531, réponses, restrictions, (déductions, locutions) et peut-être augmentation 532 des règles existantes en nombre siffisant dans le Talmud. C'est •ainsi qu'on fit du temps des anciens 533 docteurs Comme nous donnons [nos] explications aujourd'hui, eux le firent également, pour autant qu'ils jugeaient nécessaire 534 d'expliquer ce qu'ils enseignaient à leurs disciples ; plusieurs d'eux 535 [n'avaient besoin que] des enseignements capitaux et fondamentaux, le restant ils le comprenaient d'eux-mêmes, [il y en avait] d'autres, auxquels on devait donner des enseignements développés 536 *et auxquels on devait expliquer les analogies 537 Car nous lisons : " Avant la

---

a) *Yebamoth*, 43 a
b) *Bekhoroth*, V, 2
c) *Ibidem* 32 b
d) 41 .,

mort de Rabbi [tous les disciples] étudiaient en présence de leur maitre ; avant que [538] la Mischna ne fût rassemblée [539], chacun avait le Talmud avec sa Mischna et, après la rédaction, [Rabbi] expliquait à chacun *et enseignait les motifs des décisions. Mais après la mort de Rabbi [540], on dut les rassembler, afin de pouvoir les apprendre [541] de la même manière Après Rabbi, il y eut des Tanaim en [542] Palestine comme R Nathan [543] et son fils R. Ismaél et R. Gamaliél et R Joschia de Houzal, en [542] Babylonie. Ceux-ci n'ont cependant enseigné de la Mischna que ce que leurs prédécesseurs avaient déjà enseigné. Comme on le dit au livre d'Adam a) : " Rabbi et R. Nathan ont clos l'époque de la Mischna „ *Il y eurent aussi d'autres docteurs, qui furent [544] en même temps Tanaim et Amoraim, comme R. Chanina, R. Jannai (là) et Rab (ici) [545], qui furent des disciples de Rabbi et qui apprirent chez Rabbi et chez R. Chiyya. Car nous lisons b) R Yochanan disait · " *Je me rappelle [545] qu'assis derrière [547] les dix-sept rangées derrière Rab et celui-ci devant Rabbi, des étincelles jaillirent de la bouche de Rabbi à celle de Rab et vice versa, à quoi je n'ai rien compris. En beaucoup [548] de passages on enseigne Rab est un Tanna [et peut par là être d'un autre avis que la Baraitha. Il y eut] aussi [d'autres] docteurs [qui n'étaient] qu'Amoraim, comme Samuel, R Schila, Rabba bar Chana, R Cahana I et R Asi Après vécurent R Ada bar Ahaba et notre bisaieul Rabba bar Abouha, de la famille des Exilarques. Car la tradition [549] (des docteurs) veut que nous descendions de la famille des Exilarques et que nous soyons les descendants de Rabba b Abouha Plus tard [vécut] R Chanina, *en Palestine, après, R. Jannai, R. [550] Yochanan, Resch Laqisch, R Josoua, b. Lévi et Elazar [551], qui était leur disciple et celui de Rab et de Samuel en Babylonie. Malgré tous ceux-là, la sagesse était mieux représentée en Babylonie et d'autres docteurs, *qui étaient d'abord en Palestine et puis en Babylonie [552] [comme Oulla, R. Chiyya bar Abba [553], R Samuel bar Nachmani et d'autres docteurs palestiniens qui s'y sont rendus de Babylonie, comme R. Ami, R. Asi et plus tard Rabba

---

a) *Baba Mécia*, 86 a.

b) *Choullin*, 137 b.

et R. Joseph en Babylonie et les docteurs qui d'abord avaient émigré en Palestine, puis en Babylonie], comme R. Abba, le dernier [de ces] prénommés, R. Isaac Nappacha, R. Zeira, R. Jérémie, Rabouha et R. Chanina bar Papi [554]. Plus tard vinrent Abayi et Rab, mais quand la persécution religieuse éclata en Palestine et qu'en conséquence l'étude de la Thora y diminua sensiblement, tous les docteurs babyloniens, parmi eux Rabin et Rab Dimi quittèrent Palestine et revinrent à leur pays natal. Toutes les anciennes générations avaient des traditions, qu'elles étudiaient avec application et répétaient [555] continuellement. Comme nous le lisons a) : " R. Chiyya bar Abba répétait (en présence de R. Yochanan) [556] ce qui avait été enseigné, tous les trente jours ,,, (ensuite nous lisons b) · " R. Schéscheth répétait ce qui avait été enseigné, tous les trente jours), se cramponnant au verrou de la porte il dit . " réjouis-toi, mon âme, réjouis-toi, *mon âme [557], pour toi j'ai appris, pour toi j'ai répété. ,, Ces enseignements traditionnels qui étaient étudiés par tout le monde, *chaque maître [558] les expliqua à son disciple [559] d'une manière différente, par *des recherches spéciales [560] et en déduisit *pour la pratique de nouveaux enseignements, selon les questions qui lui étaient posées [561] ; des discussions de thèses [et des controverses] eurent également lieu parmi les maîtres [562]. Mais quand une nouvelle génération se leva [563] et qu'avec elle la perspicacité diminua [564], et qu'étant indécis, on dut introduire [dans la Guemara et] fixer par écrit ces enseignements, qui étaient clairs *pour les anciens et qu'ils expliquaient [565] à leurs disciples. Les explications même, qui auparavant ne devaient pas être étudiées par tout le monde, ᵈdurent en ce temps là [566], parce qu'elles devinrent douteuses, être annexées à la Guemara, c'est ainsi qu'elles furent [567] enseignées dans les Académies, annexées à la Guemara et que tous les savants les étudièrent selon celle-ci. Comme nous le lisons c) d' [568] Eroub [569], qu'on mit dans un arbre : " R. Chiyya bar Abba, R. Asi et Rabba b. Nathan [570] étaient assis ensemble et demandèrent au R. Nachman, assis à côté d'eux : Où se trouve l'arbre

a) *Berakhoth*, 38 b.

b) *Pessachim*, 68 b.

c) *I. . .*, 32 b.

en question ? Se trouve-t-il sur un terrain privé ? „ etc , à la fin
il est dit . " R. Nachman leur répondit Merci ! [571] Samuel dit
de même , „ ils demandèrent ensuite : " Avez-vous [également]
autant expliqué en ceci ?„ il répliqua · " Vous [572] avez aussi beaucoup
expliqué en cela „ et ils dient *Nous demandions " l avez-vous
aussi annexé à la Guemara ? „ [573] A chaque génération suivante [574]
la sagesse diminua encore davantage. Comme nous le lisons a)
" R. Jochanan disait · Notre esprit est pareil *au trou d'une
aiguille avec laquelle on ferme la déchirure, Abayi disait Nous
entrions aussi difficilement dans le sens de la Tradition, que le
piquet dans la muraille [575] ; Raba disait : nous comprenons aussi
difficilement les enseignements profonds de nos devanciers, que
le doigt entre dans la cire dure R Aschi disait par rapport
à l'oubli, nous ressemblons au doigt qu'on enfonce dans du grain
de semence [576], qui se réunit de nouveau quand on l'en retire. „
Puisque l'esprit diminuait à présent et que continuellement
des doutes surgirent, on fixa, enseigna et utilisa [maintenant]
pour la pratique (ces) explications des devanciers, qui [de leur
temps] n'avaient pas été rassemblées. [Et] quand tous les savants
avaient entendu quelque enseignement, et qu ils le transmettaient
sans que l'un d'eux l'eût (entendu) et transmis plus tôt, ces
enseignements furent présentés anonymement dans le Talmud .. .. [577]
Si, par contre, un des savants [avait] entendu et transmis, antérieurement déjà, l'enseignement dont il est question, il est enseigné
en son nom Comme nous le lisons b) . " Quand Oulla vint à
Poumbaditha, Rab lui fit remettre par son fils R. Isaac une
corbeille de fruits, pour entendre comment il ferait la Habdala-
prière [578]. R. Isaac cependant en chargea Abayi Quand celui-ci
revint, il dit . La bénédiction d'Oulla est המבדיל בין קודש לחול,
R. Isaac en informa alors son père en lui disant · Moi-même je
n'y fus pas, mais j'envoyai Abayi, et c'est lui qui m'a dit cela.
Là dessus le père répondit Ta façon impérieuse [579] et ta
fanfaronnade [580] sont cause, que cette Halakha ne sera pas
*transmise en ton nom [581] . „ Plus un savant employait de soins
à n'étendre que ces enseignements qu'il avait entendus directe-

---

a) *Eroubin*, 53 a.
b) *Pessachim*, 104 b.

ment de son maitre, sans avoir dû les recevoir d'autres, plus ces
enseignements gagnaient en considération. Car nous lisons a) :
" R. Nachman b. Isaac disait : Oulla s'est gravé une erreur [582]
dans la mémoire comme R Benjamin b Jepheth Etonné R. Zeira
demanda là dessus · Quelle importance a R. Benjamin b. Jepheth
vis-à-vis de R. Chiyya b. Abba ? [583] R Chiyya b. Abba suivait
attentivement et recevait les enseignements de la bouche de son
maitre, R. Benjamin b Jepheth (par contre) ne les suivait pas
attentivement „ Puis, les enseignements présentés [584] au nom d'un
seul maitre valent aussi beaucoup plus. Quand R. Zeira vint en
Palestine, il mangea d'un animal *tué au-dessus de la gorge [585],
ce qui, selon l'opinion de Rab et de Samuel, était défendu Sur
la remontrance qu'il n'était pas du pays de Rab et de Samuel,
où il est défendu de manger d'un tel animal, il répondit " Qui
a donc transmis cette défense au nom de Rab et de Samuel ?
C'est Joseph b. Chiyya, mais celui-là apprenait de tout le
monde [586] „ Joseph l'entendit, se fâcha [587] et [lui] dit . " Je
n'apprends pas de tout le monde, mais seulement de Rab Juda,
qui rapporte même le doute d'une personne dont il a entendu
quelque part un enseignement Car Rab Juda disait, au nom de
R Jérémie b Abba, en doutant si celui-ci l'avait transmis au
nom de Rab ou de Samuel " S'il n'y a pas de savant sous la
main, trois laiques peuvent autoriser à tuer et à employer à
l'usage profane un animal premier-né, atteint de défauts corporels b) „
Pour un enseignement *au sujet duquel [588] tous les maîtres
étaient d'accord, on dit אמרי ליה [589], ce qui *est aussi le cas [590]
pour les enseignements survenus à la fin [591] du Talmud Car
chaque génération introduisit des enseignements [dans le Talmud],
qui s'avaient développés, soit des doutes nouvellement surgis, soit
des circonstances ou questions [qui leur étaient adressées] Il en
est de même pour ceux du traité Sanhédrin c) [592] Là, nous
lisons Rab Cahana et Rab Saphra apprirent à l'école de Rabba
le traité Sanhédrin Rabi b. Chama les rencontra et leur demanda .
Qu'avez-vous ajouté de nouveau au traité Sanhédrin dans l'Aca-

a) *Berakhoth*, 38 b
b) *Choullin*, 18 b.
c) 41, b.

démie de Rabba [593] ? Ils répondirent . Que pourrons-nous, sans notre maître, ajouter à ce traité, etc. ! Les anciens savants établirent des recherches et des enquêtes et leurs successeurs en ajoutèrent les résultats au Talmud. Non parce que les anciens ignoraient ces enseignements nouvellement ajoutés, mais qu'ils laissèrent aux générations futures le soin de cette (annexion) et c'est par là qu'ils se distinguent, puisque les anciens n'avaient pas besoin de ces enseignements. Comme les rabbins enseignaient a) · [594] R. Josoua b. Zariz [595], beau-fils de R. Méir, attesta devant Rabbi que R. Méir avait mangé à Bethsan un légume non dîmé, sur quoi Rabbi exempta tout Bethsan de la remise de la dime Alors son frère et la famille paternelle se réunirent et lui en demandèrent la raison · Veux-tu donc autoriser en un endroit, ce que tes aieux de tout temps ont défendu? Lui, cependant, leur cita le verset suivant de l'Ecriture Sainte b) : Le roi Ezéchias détruisit le serpent d'airain que Moise avait fait, car jusqu'à ce temps, les enfants d'Israël l'avaient encensé et il le nomma Nechouschthan Comment se fait-il qu'Asa et Josaphat, qui ont détruit toutes les idoles du monde, ont toléré le serpent d'airain ? La raison en est que les aieux ont laissé cela à Ezéchias pour se distinguer par là, il en est ainsi de moi mes aieux m'ont laissé une occasion de me signaler Il s'en suit . Quand un savant présente une Halakha surprenante, on ne l'engage pas à l'abandonner (אין מזניחין אותו), d'autres disent אין מזיחין אותו, d'autres encore אין מזחיחין אותו, la première expression vient de כי לא יזנח לעולם ייי c), la seconde de ולא יזח החשן d) et la troisième de la phrase enseignée e) : A mesure que les ambitieux (זחורי הלב) devinrent plus nombreux, les discordes se sont accrues en Israél.

C'est aussi la réponse à *votre demande [596], pourquoi [597] les anciens ont laissé la plus grande partie à faire à leurs successeurs. Quand vous rencontrerez un enseignement remarquable

---

a) *Choullin,* 6 b
b) *II Rois,* XVIII, 4
c) *Thr.,* III, 31.
d) *Ex.,* XXVIII, 28.
e) *Sôta,* 47 b.

— 36 —

provenant des derniers, c'est que les anciens le leur ont laissé,
afin qu'ils puissent se distinguer [598] en faisant une addition [599]
au Talmud, ce qui eut fréquemmént lieu *à chaque époque [600].
Comme nous lisons [601] a) (R Ami disant) : Doeg et Achi-
thophel posèrent 700 [602] questions relativement à la *tour
suspendue en l'air [603]. Raba disait *Est-ce donc quelque chose
d'important, de poser des questions ! [604]. Du temps de R Juda,
l etude se bornait au Seder Neziqin, tandis que nous étudions
quatre Sedarim [605], quand R. Juda arriva à la Mischna
האשה שכובשת ירק בקדרה [606], d'après d'autres זתים שכבשן
בטרפיהון טהורים (הנכבשים p) il disait Je vois [ici] les dissertations de Rab et de Samuel [607], mais nous apprenons le
traité Ouqein [608] dans treize [609] écoles ; dès que R. Juda
ôtait son soulier [610], il pleuvait, *mais nous [611], nous nous
mortifions *sans être exaucés [612], mais le Saint, qu'il soit loué,
demande le cœur

De cette manière la Tradition s'étendait avec chaque génération
jusqu'à Rabina, et après Rabina, elle fut achevée. Comme le dit
l'Astronome [613] Samuel dans le livre d'Adam [614] b) " R Aschi
et Rabina représentent la cloture de l'enseignement traditionnel „
Quoique plus tard il n'y eût plus d'enseignement traditionnel,
*il y avait cependant des savants dont les interprétations
étaient équivalentes [615] à l'enseignement traditionnel. Ces (savants
[616]) étaient appelés Saboraim et ce qui, jusqu'alors, était [617]
douteux ils l'interprétèrent. Parmi eux · Rab Richoumi, [618]
Rabba [619], R Joseph et R Acha [620] *de Bé-Chatim [621]. Comme
nous le lisons dans *הים מדינת גט המביא [622] c) · et Ziqlag,
etc. ; Bé-Chatim est une ville dans les environs de Nehardéa
Puis, Rab Rebai *de Rob [623], comme il est dit dans le texte
Sanhédrin d) · " Rabbi dit Aux condamnés à mort, on donne à
boire, avant l'exécution, un petit morceau d'encens (dans un
verre de vin) pour qu'ils perdent connaissance, car l'Ecriture
Sainte dit e). Donnez une boisson énivrante aux désespérés et

a) Sanhédrin, 106 b
b) Baba Mécia, 86 a.
c) Guittin, 7 a
d) 43 ᵒ
e) Pr ·   XXXI, ᵢ

du vin aux affligés. Et nous apprenons Les femmes de qualité
de Jérusalem ont distribué cela. Là dessus on demande : Si
celles-ci ne le donnaient pas, d'où l'aurait-on pris ? Rab Rebai
de Rob [621] enseignait [625] : Il est clair que c'est la commune
qui doit le donner, car la phrase mentionnée dit " donnez „
(תנו pl) Rob, qui était la ville où demeurait Rab Rebai, *était
située dans les environs des Académies [626] de Nehardéa [627] et,
selon l'opinion des rabbins, [Rab Rebai] aurait été Gaon [628] et
aurait atteint un grand âge. Plusieurs opinions de ces derniers [629]
savants ont été acceptées dans la Guemara, comme celles du
Rab Ena et du Rab Simôna. Nous apprenons des anciens [630]
que les derniers rabbins, les Saboraim, ont rangé et introduit
dans le Talmud la Guemara depuis האשה נקנית [631] [dont le
commencement est מנא הני מילי, etc.] jusqu'à בכסף מנא לן,
*soit donc la discussion entière [632] (et en dehors de cela diffé-
rents autres passages encore)

*Vous demandiez, dans votre écrit [633], de quelle manière la
Mischna et le Talmud ont-ils été écrits ?

Le Talmud et la Mischna n'ont pas été écrits, mais ont seulement
été rangés, les rabbins étaient prudents et les apprenaient par cœur,
mais ne se servaient pas d'un texte écrit [634]. Car nous lisons [635]
a). Vous ne lisez pas la Tradition d'un texte écrit, car l'Ecriture
Sainte dit [636] b) [car par ces mots j'ai fait alliance avec toi,
etc.]. Ceux-ci tu peux les écrire, mais pas des Halakhoth.

Concernant votre demande relative à l'ordre de succession
des Saboraim, après [637] Rabina, et les successeurs de ceux-ci,
depuis lors jusqu'à ce jour, *elle me donne l'occasion [638] de vous
[639] éclaircir ce sujet depuis le commencement, comme l'origine
d'Israél et comment les deux Académies se partagèrent à cause
d'une confusion [640] qui était survenue. [Sachez que quand] jadis
Israél et Jojachim furent exilés avec les forgerons et les serru-
riers, de même que quelques Prophètes, ils furent conduits à
Nehardéa. Le roi Judéen Jachonjahou avec sa suite [y] bâtirent
(même) une école, pour les fondements de laquelle ils employèrent
les pierres et les décombres *qu'ils avaient apportés du Saint

---

a) *Themoura*, 14 b

b) *Exode*, XXXIV, 27.

Temple [641], *tenant compte des paroles de l'Ecriture [642] a). " Car vos serviteurs tiennent avec amour à leurs pierres et se lamentent sur leurs décombres „ Ils l'appelèrent [cette école " Ecole de] שף ויתיב [643] [ceci était [644] à Nehardea], c'est-à-dire le Sanctuaire quitta la Palestine et s'établit en Babylonie. Ils avaient avec eux la Schechina Comme nous le lisons b). Où trône la Schechina, en Babylonie ? Rab disait dans la Synagogue à Houzal , Samuel croyait dans celle de Schaph-Weyathib. Cela ne veut cependant pas dire, la Divinité était seulement là *et pas ici [645] mais, tantôt ici, tantôt là Abayi disait " le mérite soit avec moi [646], si même j'en étais éloigné d'une Parasange, j'irais prier là. La Synagogue à Houzal se trouvait près de l'école du savant Esra et derrière Nehardéa. *Quand Esra, Seroubabel et les exilés furent revenus de la Babylonie [647] et érigèrent le Sanctuaire, il y avait là [648] des chefs du Sanhédrin, comme Simon le Juste, Antigonos de Socho et les autres couples [649] ; la plupart d'eux étaient immigrés de Babel, parmi ceux-là, il y avait aussi Hillel le Vieux. Malgré tout cela, *l'enseignement se développait egàlement ici, et il y avait des Exilarques [650] de la famille de David, mais il n'y avait pas ici d'autorités académiques [ni sanhédricales], car, *par rapport à celles-ci, l'opinion était qu'ils ne pouvaient exister qu'à l'endroit choisi par Dieu [651]. Jusqu'à la mort de Rabbi, les Exilarques et non les recteurs des académies ni les Nessim gouvernèrent le peuple en Babylonie. Ces derniers [furent [652]] des présidents du Sanhédrin en Palestine, jusqu'à Hillel et Schammai, comme nous le voyons dans Aboth A Hillel succéda son fils Simon, à celui-ci son fils Rabban Gamaliél [653] l'aîné, puis R Simon b. Gamaliél I, qui fut tué [654] avant la destruction du Temple [655], et R. Ismaél b Elischa, qui [656] [fut] Grand-prêtre. Ces quatre générations forment le siècle dont on dit dans יציאות השבת c) : Hillel et Simon, Gamaliél et Simon possédaient le Nassiat cent ans avant la destruction du Temple. A Simon b. Gamaliél, *qui fut exécuté sous l'empire romain, [657] succéda Rabban Jochanan b. Zaccai, qui vivait encore à la

---

a) *Psaumes*, CII, 15
b) *Meguilla*, 29 a.
c) *Schabbath* 15 a

destruction du Temple. "Quand on l'admit [638] en présence de
l'empereur Vespasien, *il lui demanda d'épargner la famille de
Gamaliél, et de lui permettre de conserver l'académie avec ses
savants [639], à Jamnia (Quand R. Yochanan et les savants furent
en paix à Jamnia, ils publièrent [640] dix décrets. Car nous avons
appris [641] a) ' Après la destruction du Temple, R. Yochanan
b. Zaccaï ordonna . [642]. A celui-ci succéda comme Nassi R.
Gamaliél, fils de R. Simon b. Gamaliél [l'ainé], qui fut exécuté
[parmi les 10 martyrs, et ce R. Gamaliél était son fils] et
R. Josua comme Ab-béth-Din [643]. Mais comme R. Gamaliél
avait insulté trois fois R. Josua, on le destitua de sa qualité
et on nomma à sa place R. Elazar b. Azarja, *qui était
comblé de richesses [644] et de la dixième génération après le
scribe Esra Plus tard [quand ils se furent raccommodés], R.
Gamaliél fut réinstallé dans ses fonctions, sans que R. Elazar
b. Azarja fût déchu La fonction fut partagée entre les deux,
de manière à ce que celui-là fonctionna toujours *deux semaines [665]
et celui-ci toujours *une semaine [666], comme il est dit dans la
Guemara תפלת השחר b) Après, [il y eut] R. Simon, fils de
R. Gamaliél, [667] [*le père de Rabbi [668], comme Nassi] et à lui
succéda son fils Rabbi [669], qui fut à Sephoris [670] et à Beth-
Schearim [671] c) En ce temps, R. Houna I [672] était [673] Exilarque
en Babylone Comme nous le lisons d) " Rabbi [674] demanda
à R. Chiyya. Comment mon égal a-t-il à se conduire à l'offrande
du bouc ? „ [675] Celui-ci répondit : *' Ton égal [676] est à Babylone
[c'est R. Houna] , R. Saphia enseignait, la réponse était *à
Babylone [677] le souverain est un sceptre, mais en Palestine un
commandant *Car nous avons appris [678] e) : " L'Ecriture dit f)
" Le sceptre n'abandonnera jamais Juda , cela veut dire les
Exilarques babyloniens qui châtiaient le peuple avec des verges,
" ni le législateur de ses pieds „ cela signifie les petit-fils de
Hillel, [qui étendirent l'enseignement parmi le peuple] „ Il s'en

a) *Rosch ha-Schana*, 29 b *et passim*
b) *Berakhoth*, 28 a
c) *Kethouboth*, 103 b
d) *Horayoth* 11 b
e) *Sanhédr.* 5 a
f) *Génèse*, XLIX

suit que les chefs babyloniens étaient [beaucoup] plus éminents, puisqu'on les appelle " verges [679]. „ Il [R. Houna] mourut [à Babylone] du vivant de Rabbi. Et *dans le Talmud palestinien a) [680], les docteurs disent [681] que Rabbi était très modeste et qu'il [Rabbi] avait pour habitude de dire . " Je ferais tout ce que quelqu'un pourrait désirer de moi, excepté cependant ce que les vieux de Béthar ont fait à mon grand-père < Hillel > : ils [682] renoncèrent [au patriarcat] *et le nommèrent [683] Si l'Exilarque R. Houna était venu ici, je l'aurais placé devant moi, puisqu'il est de la tribu de Juda, et que je suis de la tribu de Benjamin, ensuite *puisqu'il descend des grands de Juda du côté paternel, [684] et moi [des petits] [685] du côté maternel. Un jour R. Chiyya l'aîné [686] vint et lui dit R. Houna est là au dehors ! Rabbi tressaillit ; alors R. Chiyya dit · Son cercueil est là. Rabbi réprimanda R. Chiyya, car il lui dit Sortez et regardez [687], quelqu'un demande là [688] après vous Quand celui-ci sortit [689] et ne trouva personne, il [R. Chiyya] s'apperçut que Rabbi lui en voulait, en conséquence il tint une Nasipha [690] de trente jours [durant lesquels il ne rendit pas visite à Rabbi. R. José b. Boun dit . *durant ces [691] trente jours *Rab apprit de lui toutes les règles [692] de l'enseignement]. Après R. Houna, Mar R. Ouqba fut nommé recteur à Babylone [693]. *A la même époque, il y avait aussi Samuel. Car nous lisons b) " Quand Samuel et Mar Ouqba [694] étaient assis à l'étude, Mar Ouqba était assis devant Samuel à une distance de quatre coudées comme subordonné, tandis que quand ils jugeaient ensemble, Samuel était assis à quatre coudées de Mar Ouqba comme subordonné. „ Puis nous lisons c) " Samuel disait à R. Juda [695] " Ta tête est arrosée d'eau froide, mais la tête de ta tête d'eau chaude „ [696]. Voilà que Mar Ouqba et sa Cour de Justice existaient encore et c'est à eux que les paroles suivantes se rapportent d) " Ainsi parle l'Eternel Maison de David ! rendez chaque matin Justice. „ Au temps de Rabbi, l'an 530 [697] *de

---

a) *Kilayim*, IX, 3. *Kethouboth*, XII, 3 et *Berischith Rabba*, chap. 33.

b) *Moëd Qatan*, 16 b

c) *Sabbath* 55 a

d) [illegible]

l'ère des Séleucides [698], Rab se rendit à Babylone où R. Schéla était alors recteur [699] et *en cette qualité était appelé ריש סידרא [700] 'Comme nous le lisons [701] a) " Rab vint au pays de R Schéla et y *fonctionna même comme interprète „ [702] Après la mort de R. Schéla, Rab et Samuel étaient [ici] et Rab mit Samuel au-dessus de lui comme professeur, *car Rab ne voulait pas que Samuel vint s'asseoir à ses pieds, et celui-ci ne voulait pas être le maître de Rab, puisqu'il était beaucoup plus jeune que Samuel [703], comme nous le lisons dans la Guemara מרובה b) " Rab, Samuel et R Assi vinrent à une fête de circoncision, d'après d'autres, *à la cérémonie du rachat d'un premier-né [704], Rab ne voulait pas entrer avant Samuel, celui-ci pas avant R. Assi et R Assi pas avant Rab. [Alors ils dirent] lequel *laisserons-nous attendre [705], Samuel ou Rab ? Rab s'est subordonné à Samuel à cause de l'événement de la malédiction c) „ C'est pourquoi Rab laissa fonctionner Samuel à Nehardéa, puisque cette ville était le lieu de sa naissance, et que c'était un endroit de la Thora, mais lui se rendit en un endroit où l'étude de la Thora n'était pas cultivée, c'est-à-dire à Sora, qui s'appelat [706] Matha Mechsayah. *Beaucoup d'Israélites demeuraient là, mais qui ne connaissaient même pas les ordonnances rituelles concernant le mélange du lait et de la viande [707]. [Rab] se disait alors Je veux m'établir ici afin d'étendre [708] la Thora, pareil à cet événement dans כל הבשר Rab trouva une déchirure et l'entoura d'une clôture [709] et, quand il vint à Tatelfousch, [710] *il y enseigna la défense [711] concernant le pis On l'appelait ריש סידרה.

Car R. Jochanan demanda à Isi b Hini d) ' Qui est ריש סידרה à Babylone ? „ Isi répondit " Abba Arékha „ [Par lui] se réalisa le rêve que R Chanina avait eu, à savoir, qu'on avait pendu Rab *en Babylone [712] Comme il est dit dans le chapitre יום הכיפורים e) Rab acquit le jardin situé à côté de l'école

a) *Yôma,* 20 b

b) *Baba Qamma,* 80 b, 81 a

c) *Sabbath,* 108 a,

d) *Choullin,* 1"7 '

e) *Yoma,* 87 '

qui était la succession d'un prosélyte, au moyen d'une enseigne peinte a). Il [y] rassembla beaucoup de disciples, étendit l'enseignement et fonda une Cour de Justice C'est ainsi qu'il y eut maintenant deux grandes Cours de Justice [à Babylone], l'une d'autrefois à Nehardéa, l'autre à Sora, que Rab venait de fonder. C'est à cela que se rapporte la sentence de Samuel b) : " Le Prouzboul [713] ne sera écrit qu'à la Cour de Justice de Sora ou bien à celle de Nehardéa. „ Rab et Samuel avaient deux académies Car nous lisons c). " Rab dit que, concernant le document du divorce, Babylone est égale à la Palestine, Samuel, au contraire, croit que ce soit à un endroit situé en dehors de la Palestine auquel elle est égale. Sur cela on explique [714] Le motif de Rab est que, puisqu'il y a des écoles à Babylone, les disciples peuvent constater les signatures du document du divorce, mais Samuel dit. " Les disciples s'occupent de leurs études „ Rab et Samuel se voyaient parfois. — Après la mort de Rab, en l'an 558, [715] Samuel fonctionna pendant sept ans [716] comme unique recteur, puisqu'il n'y avait alors qu'une seule académie. Aussi longtemps que Rab vivait [717], R. Yochanan [l']appelait " notre maître à Babylone „, après [718] sa mort, il nommait Samuel " notre ami à Babylone „ Alors celui-ci disait " *Je ne sais pas par quoi j'aurais pu être son maître „ [719], il écrivit et envoya un calcul de calendrier pour une période de soixante ans ; alors R. Yochanan dit Cela prouve seulement [720] qu'il comprend ce calcul. Après qu'il lui eût envoyé *treize charges de chameaux [721] de doutes concernant la loi sur Trépha [722], celui-ci s'écria [maintenant je m'apperçois] que j'ai un maître à Babylone [723], je veux y aller et faire sa connaissance „ [724]. Après la mort de Samuel [725], en l'an 568, fonctionnèrent ses disciples. R. Nachman à Nehardéa, R. Juda à Poumbaditha et R. Schéscheth à Schilhi [726]. En l'année 570, Papa b. Nazar [727] détruisit Nehardéa, après quoi notre aieul Rabba b Abouha [728] émigra à Schakhanzib, Schilhi et Mechousa, où se trouvait également R. Joseph b. Chama, père de Raba ; *d'autres

---

a) *Baba Bathra*, 54 a.

b) *Gittin*, 36 b.

c) *Ibid.*

rabbins allèrent à Poumbaditha [729] qui, du temps du deuxième Temple, était le chef-lieu des immigrants, comme nous l'apprenons dans la Mischna a) " Jusqu'à ce qu'on voie toute Gôla comme en feu „ Abayi explique [Gôla c'est] Poumbaditha [730]. Après Samuel, R. Houna, descendant [731] de Nassi, fonctionna pendant quarante ans et étendit beaucoup la Thora Car nous lisons b) : " Quand les rabbins quittèrent l'école de R. Houna, il lui en resta encore 800 „ Pour ses cours, R Houna se servait de treize interprètes, et quand les rabbins [732] quittèrent son école et qu'ils secouèrent leur manteau, il s'élevait tant de poussière, que la lumière du jour en fût obscurcie [733] et les Palestiniens disaient " Maintenant l'école du Babylonien R. Houna s'est élevée, comme nous le lisons aussi au chapitre הבא על יבמתו c) : " R. Abba b. Zabda, R. Schescheth, R. Chelbo, R. Gadal et R. Acha b. Chanina, tous *sont devenus faibles [734] par suite des trop longues conférences de R. Houna. R. Acha b Jacob disait. " *Nous étions soixante vieilles gens à écouter les conférences de Houna et tous nous sommes devenus impuissants [735], excepté moi, parce que j'en connaissais le principe d) " La sagesse donne vie à qui la possède. „ R. Yochanan décéda en Palestine, du vivant de R Houna, après avoir fonctionné, durant quatre-vingts ans [736], comme successeur de R. Chanina, qui succéda à R. Ephes, le successeur de notre Saint Maître, comme il est expliqué au chapitre הנושא e). R. Yochanan mourut en l'an 590 [737], et après [738], pendant la même année encore, R. Elazar, à qui succéda R Ami, quoique la succession était due à R Houna, le descendant du Nassi R. Juda fonctionna à Poumbaditha, et visita parfois, comme disciple, R. Houna. R. Nachman était à Schilhi et à Mechoza avec les savants de Nehardéa. Nous ne rencontrions nulle part l'opinion que [R Nachman] soit venu comme disciple chez R Houna, mais il le traita plutôt *en collège [739]. Car en différents endroits R Nachman

---

a) *Rosch ha-Schana*, II, 4
b) *Kethouboth*, 106 a
c) *Yebamoth*, VII, 12
d) *Eclésiastes* VII, 12.
e) *Kethoubuth*, 10: b

dit " Notre collège Houna [applique ceci à un autre enseigne-
ment] L'école de R. Houna était dans les environs de Matha
Mechasja [740] R. Chisda était un collège de R. Houna et fonctionnait à Sora, où il fonda même une académie, du vivant encore
de R Houna, en l'an 604

A la mort de R Houna. en l'an 608, on transporta son
cercueil en Palestine, comme il résulte du chapitre אלו מגלחין a)
" Où R. Chaga [741] a-t-il enterré le cercueil de R. Houna ? „
" Dans le sépulcre de R. Chiyya „ Plus loin on explique à ce
sujet " C'est pour cela *que R Chaga n'a pas péri [742], parce
qu'il a enterré lé cercueil de R Houna „ [743]. R *Juda vécut
encore deux ans [744] et tous les docteurs vinrent [745] chez lui à
Poumbaditha Après la mort de R Juda, en l'an six cent dix,
R Chisda fonctionna à Sora, pendant dix années, et mourut en
l'an six cent vingt [746]. Mais Rabba et R. Joseph, qui avaient
été à Poumbaditha avec R Juda, *ne voulurent (alors) pas être
recteur [747], comme on le lit à la fin des traités Horayoth [748]
et Berakhoth " Les circonstances réclamaient Rabba ou R Joseph
comme recteur. Sur demande faite, on répondit [749] de la Palestine
que R Joseph était à préférer [750], puisqu'il était un Sinai et
que chacun a besoin du possesseur du blé [751] Celui-ci n'accepta
cependant pas la fonction, parce que des Chaldéens, ayant tiré
l'horoscope de sa mère, avaient prédit que R Joseph n'aurait
fonctionné [752] que $2\frac{1}{2}$ années et serait mort alors, ainsi Rabba
fonctionna pendant vingt-deux [ans] et après, R. Joseph pendant
$2\frac{1}{2}$ ans. „ Pendant ce temps, *puisqu'aucun de ces deux ne
voulait fonctionner, [753] Rabba partit pour quelques [754] années
à Sora chez [755] R. Chisda. *Du vivant encore [756] de R Chisda,
Rabba voyant *qu'on pouvait difficilement se passer de lui à
Poumbaditha, [757] il se chargea de la fonction [758] et fonctionna
jusqu'à sa mort, en l'an 921 [759]. Nous avons entendu dire par
nos maîtres (de l'académie). qu'à l'époque de la mort de R Juda.
où R. Rabba [760] ne voulait pas se charger de la fonction, que
R Houna b Chiyya aurait fonctionné à Poumbaditha et qu'il y
avait (alors) une grande école [761]. Après la mort de celui-ci, et
(puisque) *les circonstances réclamaient [762] Rabba [comme recteur]

*il se chargea de [763] cette fonction [764] pour *préserver de la porte l'Académie de Poumbaditha où la plupart des rabbins et Israël faisaient leurs études [765], [maintenant fonctionna] Rabba, c'est-à-dire Rabba b. Nachmani, [à Poumbaditha où il étendit même l'étude de la Thora]. Il fut tué pendant la persécution religieuse, à la suite d'une calomnie [766] prétendant que par ses conférences des mois d'été et d'hiver Adar et Eloul — ce sont les deux *mois de la Kalla — [767], il aurait empêché 13,000 hommes de satisfaire à leurs obligations civiques Craignant les *fonctionnaires de l'Etat [768], il se réfugia à Agma où il mourut. Vers ce temps une lettre [769] tomba [du ciel] à Poumbaditha contenant ces mots . " Rabba b. Nachmani est convié à l'Académie Céleste ,, etc , comme la Guemaia le raconte a) Pendant ces années [que Rabba b Nachmani fonctionnait à Poumbaditha], *Rabba b. R. Houna [770] était recteur à Sora. Après Rabba [b. Nachmani], R. Joseph [771] fonctionna pendant 2 $\frac{1}{2}$ ans à Poumbaditha et mourut en l'an 634. Abayi [772] lui succéda et mourut, après avoir fonctionné pendant treize [773] ans, en l'an 648 [774]. Cela ressort aussi du chapitre הניזקין b) . " La שיפורא était d'abord dans l'école du R. Juda, plus tard dans celle de Rabba, ensuite dans celle de R. Joseph et finalement dans celle d'Abayi ,, Par là il est dit que ceux-ci étaient recteurs, *puisque שיפורא signifie la caisse des disciples de l'académie [775], [où] les dons d'Israël [étaient versés]. Comme il est enseigné dans la Mischna Scheqalim e) " Treize שופרות étaient placées dans le Sanctuaire avec l'inscription · " Scheqalim de cette année, Scheqalim des années passées. ,, Après Abayi, Rabbi enseigna à Mechousa ce qu'il avait appris *à Poumbaditha [776], *comme il est expliqué [777] d) · " Bar Hadya expliqua des songes ,, etc., jusqu'à . " *A la mort [778] *d'Abayi, Rabba reprit la direction de l'Académie [779], où les savants du monde entier [780] se rassemblèrent [781] autour de lui [782]. ,, Si *depuis la mort [783] de R Chasda il n'y eut pas de Gaon [784] à Sora, la brillante [785]

---

b) *Baba Mecia*, 86 a

b) *Guittin*, 6 b

c) V, 6

d) *Berakhoth*, 56 a.

activité de Raba suppléa cependant à cette absence La bénédiction de R. Joseph s'étendit [786] sur Raba. Car nous lisons a) : Quand Raba quitta [787] à reculons l'école de R Joseph, il se [788] blessa tellement au genou que le seuil [789] de l'école fut tout tâché de sang R Joseph, à qui on le raconta, lui dit Que *la volonté de Dieu soit que tu sois l'élu [790] de toute la ville Après avoir fonctionné pendant quatorze ans, Raba meurt en l'an 663 Durant les années qu'il [Raba] fonctionna, il n'y eut qu'une seule académie, à savoir celle de Poumbaditha , après (la mort de) Raba cependant, *elle fut de nouveau partagée en deux écoles , alors R. Nachman b Isaac fonctionna [791] pendant quatre ans à Poumbaditha et mourut en l'an 667, et R Papa, [qui était] à Narès, non loin de Sora, fonctionna pendant seize [792] ans et mourut en l'an 687 [793]. Après R. Nachmann b. Isaac, quelques Guéonim *fonctionnèrent à Poumbaditha [794] R Chama, *à Poumbaditha, [795] qui mourut en l'an 688. Comme nous le lisons b) " Un jeune savant [796] disait à un juge qui déterminait d'après l'appréciation de R Elazar J' (irai à l'académie et) apporterai une lettre [du pays d'Ouest], que la Halakha n'est pas à déterminer d'après R Elazar [797]. Il vint chez R Chama et celui-ci lui dit Le juge (qui) se règlera d'après R Elazar fera bien. Après, R. Sébid fonctionna à Poumbaditha et mourut en l'an 696. R. Dime de Nehardéa lui succéda et mourut en l'an 699 [798], *son successeur Raphiem mourut en 700 [799] A celui-ci succéda R Cahana qui meurt en 725 [800] et son successeur R. Acha, fils de Raba, meurt en l'an 730 Durant toutes ces années, depuis la mort de R Papa, R Aschi était recteur *à Matha Mechasya [801] Il démolit l'école de Rab et en construisit une autre à la place, comme il est raconté dans השותפין c). Il prit aussi plusieurs belles dispositions · Il fixa les jours de fête et de jeûne, ce qui auparavant était établi *par les Exilarques [802] à Nehardéa même , il organisa la fête des Exilarques, parce qu'il excellait par son savoir et sa considération. Houna b Nathan, l'Exilarque de ce temps, et son successeur Marémar et Mar

a) Yôma, 53 a

b) Schebouoth, 48 b,

c)   ' '   ʃ   '   '

Soutra se subordonnèrent à R. Aschi et célébrèrent la fête des
Exilarques à Matha Mechasya. Car nous lisons a) " R. Acha,
fils de Raba, disait " Moi aussi je dis 803 que depuis Rabbi
jusqu'à R. Aschi, le savoir et la considération ne se sont plus
trouvés réunis en UNE SEULE PERSONNE „ " Houna b. Nathan,
était tout aussi important! „ " Celui-ci était subordonné à R. Aschi „
Puisqu'on avait organisé les fêtes *des Exilarques 804 [à Matha
Mechasya], auxquelles les recteurs 805 de Poumbaditha devaient
assister le Sabbath de la Parscha לך לך b), [car ce Sabbath là]
on célébrait ordinairement cette fête, la majorité résolut ~de s'y
rendre. Les 806 dispositions prises par R. Aschi ne tombèrent
pas aussitôt en désuétude, *que celles 807 établies du temps de
R. Juda, de Rabba, de R. Joseph, de R. Abayi et de Raba
[où il n'y avait qu'une seule Académie à Poumbaditha, au contraire, après R. Aschi] il y en avait deux, c'est ce dont R. Aschi
se glorifie c) ' J'ai contribué à ce que Matha Mechasya ne
déchoie 808 pas. „ Les Chefs 809 des communes et les savants de
Poumbaditha venaient à la fête des Exilarques, qui avait 810
annuellement lieu [à Matha Mechasya]. Cette institution subsista
depuis lors environ 200 ans parce que les Exilarques, pendant
la domination des Perses et [aussi] au commencement de la
domination des Arabes, étaient forts et puissants, force et puissance *qu'ils s'étaient acquises par de grandes sommes d'argent 811
Il y eut aussi des Exilarques qui tracassaient 812 et ennuyaient 813
les maitres. Nos aieux étaient aussi *des Exilarques 814, mais 815
ils abandonnèrent l'Exilarcat, à cause de la conduite [honteuse]
de ses dignitaires, pour se retirer avec les savants *de l'Académie 816, afin de vivre simplement, modestement et dans la retraite.
Nous ne sommes cependant pas des fils de Bostanai 817, au
contraire, nos aieux s'étaient déjà joints plus tôt aux savants
*de l'académie 818 Puisque, comme nous l'avons dit tout à l'heure,
[ces] Exilarques 818 étant puissants, les chefs n'osaient pas *refuser
leur présence 819 aux fêtes des Exilarques Mais quand vers le
milieu du règne 820 des Arabes, du temps de l'Exilarque

a) *Guittin*, 59 a
b) *Génèse*, XII, 18
c) *Sabbath*, 11 a.

*David b. Zaccai [821], l'autorité des Exilarques s'était affaiblie, les chefs de Poumbaditha ne vinrent plus chez eux et, si les Exilarques voulaient voir fêter leur fête à Poumbaditha, ils devaient s'y rendre [822] eux-mêmes et [l'] organiser. De toute la famille des Exilarques (de Matha Mechasya), il n'existe plus maintenant *qu'un seul descendant [823]. R. Aschi fonctionna environ soixante ans comme recteur [824]. Car on dit a) · " Dans la première édition du Talmud de R. Aschi [on le dit ainsi] , et dans l'autre, [de nouveau, autrement]. „ Les savants avaient résolu *d'apprendre annuellement deux traités, peu importe leur étendue [825], afin qu'ainsi tout le Talmud fut répété en trente ans Puisque R Aschi fonctionna environ soixante ans, il y avait [826] deux éditions de lui. A sa mort, en l'an *738, R Jémar lui succéda, à Matha Mechasya, et celui-ci mourut [827] en l'an [828] 743 R. Idi b. Abin lui succéda et mourut en l'an 763 [829], et le successeur de ce dernier, R. Nachman b R. Houna, mourut en l'an 766 [830]. Ce fut l'époque de la persécution religieuse de Yesdegerd [831], qui avait défendu de fêter le Sabbath Alors fonctionna R. Tabyômi, c'est-à-dire Mar bar Rab Aschi, qui mourut le soir du jour des Expiations, en l'an 779. A celui-ci succéda Rabba Thosephaa; qui mourut en l'an 781 [832]. Et le mercredi, [833] le treize Kislew de l'an 811, mourut R Abina b R. Houna, qui est Rabina et qui représente la fin de l'époque des Amoraim [834]

En ce temps là [835], R. Gabiha [836] de Békethil fonctionna à Poumbaditha et mourut en 744. Raphrem de Poumbaditha, qui mourut en l'an 754 [837], lui succéda. Après celui-ci, Rab Richonmai [838], d'autres lisent R. Nichoumai [839], qui mourut en 760 [840], pendant la persécution religieuse ordonnée par Yesdegerd. Après, R. Sama [841] b. Raba fonctionna. De son temps et du temps de Mar b. R Achi on suppliait Dieu, comme nous l'apprenons des anciens et [le lisons] dans les mémoires [842], et un dragon [843] dévora Yesdegerd dans sa chambre à coucher et *la persécution religieuse [844] cessa. Du temps de ce R. Sama, au mois de Téweth de l'année 781, le savant Aména b. Mar Yanqa, l'Exilarque Houna [845] b. Mai [Soutra] [846] et R. Mescharschiya furent exécutés [847]

---

a) [illegible]

et, au mois d'Adar de la même année, Amémai *b. Mar Yanka [848] subit le même sort [849], enfin, l'année 781 [850] vit la démolition [851] de toutes les écoles babyloniennes et les enfants [852] des juifs furent livrés [853] aux Magiciens. Après la mort ce R Sama, [854] *en l'année 787, Rab [855] Jose fonctionna comme recteur, époque qui coïncide avec la fin des Amoraim et la clôture du Talmud

La plupart des Saboraim moururent alors en peu d'années, [856] comme les mémoires [857] historiques des Gueonim [858] nous l'apprennent Au mois de Siwan de l'année 815, Rabbana Sama b Rabbana Juda [859] mourut, qui parait avoir été *Dajjana de Baba [860], le dimanche [861], c'est-à-dire le 4 Adar de l'année 817, R. Achai b. R Houna mourut, au mois de Nissan de la même année, R Richoumai [862], *d'autres lisent [863] R. Nichoumai [864] mourut, en Kislew de l'année 817 [865] mourut R Samuel b. Juda [866] de Poumbaditha et en Adar, Rabina d'Amouzia [867]. L'Exilarque R. Houna mourut en l'année 819 et le jour des Expiations de l'année 822, pendant une tempête, R. Acha b. Rabba b Abouha [868] mourut, en 826, les fils de Chanina, R. Tachna [869] et Mar Soutra moururent, et Rabba Joseph [870] resta encore quelques années recteur Après, il y eut R Ena, à Sora et R Simona, [871] à Poumbaditha. A celui ci succéda Rab Rebai de Rob [872] de notre Académie, qui aurait été Gaon. Alors suivirent, à la fin de l'époque de la domination perse, [ces événements de] la persécution religieuse et de l'oppression, de sorte que l'étude, *la fréquentation des écoles [873] et le *fonctionnement du Gaonat [874] furent troublés pendant quelques années, jusqu'à ce que nos docteurs de Poumbaditha vinrent [875] dans le district de Peroz Schabour [876], aux environs de Nehardéa

Les Gueonim suivants fonctionnèrent, après ces événements, de la fin de la domination perse, dans notre école [877] à Poumbaditha *Depuis l'année 900 [878] Mar b R Chanan de Isqiya [879] fonctionna, ensuite notre aïeul Mar R Mari, fils du Mar R Dimi [880], dont l'école à Peroz Schabour est aujourd'hui encore dénommée [881] d'après lui. A la même époque, en l'an 920, il y avait à Sora le Gaon Mar R Mar, fils de R Houna [882] Après *notre aïeul, le Gaon Mar R. Mari [883], le Gaon Mar R *Chanina de Bné Gahra [884] fut recteur à Nehardéa, époque à laquelle

Mahomed [885] apparût [886] *En ce temps [887], R. Chanina [888] aurait été à Sora, et le Gaon Mar R [889] Chania et Mar R. Isaac à Poumbaditha. Celui-ci était à Peroz-Schabour, vers l'époque où Ali-ben-Talib vainquit cette ville. De Peroz-Schabour il alla *à sa rencontre, et le calif le reçut [890] avec beaucoup d'égards Après, il y eut Mar R Rabba, ce fut pendant la durée de son fonctionnement qu'advint l'ordonnance qu'on doit donner immédiatement à la femme, si elle en manifesta le désir, le document du divorce [891], contrairement à la Halakha concernant la belle-fille de R Sebid a). À la même époque, le Gaon Mar R. Houna fonctionna à Sora et après Mar R. Rabba, il y eut à Sora Mar R. Bossai [892] et [893] Mar R Scheschna, dont la bague avait pour inscription Meschaischiya b Tachlipha.

Après Mar Bossai, en l'an mil, Mar R Houna Mari b. Mar R Joseph était Gaon à Poumbaditha [894]. Mar R Chiyya de Mésène, Mar R. Rabya [895] et Mar R. Natronai b. Mar Nechemya lui succédèrent Ce dernier, connu sous le nom de bar Mar [896] Yanqa, fonctionna en l'an 1030 [897] Il était allié par mariage *aux Exilarques [898] et eut des façons autoritaires envers les savants *de son Académie [899], c'est pourquoi ceux-ci émigrèrent *à Sora, et ne revinrent qu'après la mort de bar Mar [896] Yanqa [900] À celui-ci succédèrent Mar R. Juda, Mar R. Joseph, connu sous le nom *de bar Mar Kithnai [901], en l'an 1050, Mar R Samuel bar Mar R. Mar, [902] mort [903] en 1059, et Mar R. Natroi [904] Cahana b Mar Achnai [905] de Bagdad [906], au *dernier pont [907] Vers ce temps, R. Acha de Schabcha émigra en Palestine, parce que l'Exilarque fit passer R. Natronai, disciple de R. Acha, avant lui. A lui succédèrent Mar R Abraham Cahana, Mar R. Doudai b Mar R. Nachman, frère du Gaon R. Judai, en l'an 1072 [908]. Mar R Chananya b. (Mar) R. Meschaischeya en l'an 75 [909] et Mar R. Malca b. Mar R. Acha en l'an 82 [910]. Celui-ci déposa [911] l'Exilarque Natronai b Chabibai [912] Car, lorsqu'il voulut usurper cette dignité de l'Exilarque Saccai b Mar R Achounai, fonctionnant *déjà depuis quelques années [913], les deux Académies se réunirent [914] avec [915] l'Exilarque Saccai et le révoquèrent [916]. R Malca mourut et l'Exilarque Natronai partit pour Maghreb [917]. Après

a) [illegible]

fonctionnèrent Notre aïeul Mar Ra (b A) ba *b. R. Doudaï [918], en l'an 84 [919], Mar R. Schinouaï [920], pendant *peu de temps seulement [921], et Mar R Channaï Cahana b Mar R Abraham, en l'an 93 [922] qui fut révoqué par l'Exilarque. A sa place vint alors Mar R. Houna *b. Mar Hallevi [923] b. Mar Isaac, en l'an 96 [924]. Vers ce temps, on introduisit la loi que les meubles d'un testateur sont saisissables pour dettes ou des créances dues de la Kethouba [925] Puis fonctionna Mar [926] R Menasché b Mar R. Joseph de Gobya [927], en l'an 1099.

Nous [928] manquons de précision quant à la succession des Gueonim à Matha Mechasya *jusqu'à l'an mil [929], *à la suite des malentendus qui ont régné là, [930] puisque les Exilarques révoquaient [911] ou réinstallaient [931] arbitrairement les docteurs, et ce que nous en savons nous vous [932] l'avons déjà communiqué. A dater de l'an mil [et plus tard] nous sommes renseignés. Durant ce siècle, [à commencer de l'an mil] pendant lequel fonctionnèrent les docteurs de Poumbaditha [933], qui ont été [934] mentionnés plus haut, les Gueonim [suivants] fonctionnèrent à Sora · Mar R Channa de Nehar Paqod, huit [935] ans Mar R. Nehilaï Hallewi de Naresch, dix-huit ans. Mar R Jacob Haccohen de Nehar Paqod, dix-huit ans et Mar R Samuel, *dix-huit [936] ans Celui-ci était de notre école de Poumbaditha et un descendant d'Amemar *Le père de ce Samuel était [937] un fils du Gaon Mar Rabba, que nous avons décrit [938] comme [Gaon] de Poumbaditha. *En même temps que lui, R Houna était à Matha Mechasya [939], *du temps de l'ordonnance concernant le document du divorce dont nous parlions plus haut. Comme il n'y avait personne à Matha Mechasya, qui égalât Samuel [940] en savoir, l'Exilarque Salomon b Chasdaï le nomma [941] lecteur à Mechasya [942] Il était très instruit, ses fils (étaient) à [943] Poumbaditha, quelques-uns de ses descendants font (aujourd'hui) partie de notre académie, *et d'autres [944] se sont alliés par mariage *avec nous [945] Puis succédèrent Mar R. Mari Haccohen de Nehar Paqod, fonctionnant pendant huit [946] ans, Mar R. Acha [947], pendant six mois, et l'aveugle [948] Mar R Judaï b Mar R. Nachman, qui était aussi de Poumbaditha, mais, comme à Sora il n'y avait personne, qui [l'égalait en savoir], l'Exilarque Salomon *l'agréa aussi [949] *et le fit recteur [950] Lui et son frère étaient en meme temps Gueonim aux deux Académies. Vers ce temps [951] apparut Anan [952] *A Mar R. Judai succédèrent [953] Mar R. Achounai Cahana b. Mar Papa [954], qui fonctionna cinq [946] ans, Mai R. Chanina [955] Cahana b Mar R Houna, huit [946] ans, Mar R Mari Hallewi b. R Mescharscheya Hallewi, trois [956] ans et demi, et Mai R Bibouy Hallewi b. Mar *R Abba de Nchar Paqod, [957] dix ans et demi. Celui-ci fonctionna du temps que les Gueonim de Poumbaditha Mai R Houna *b Mar Hallewi et Mar [958] R Menasché ordonnèrent [la saisisabilité] des meubles hérités pour la redevance des droits de la Kethouba [et pour dettes] Avec ces Gueonim le siècle est révolu [959]

A eux succédèrent, en l'an 107, les Gueonim de Poumbaditha Mar R Yesaya Hallewi b. Mai R Abba de Kelwad [960], endroit [961] situé aux environs de Bagdad En 109 [962], Mar R. Joseph b Mar R Schéla de Schalchi, en 115, Mar R. Cahana Gaon, en 121, son petit-fils Mar R *Abounai Gaon b [963] Mar R Abraham et en 125 [964], Mai R Joseph b Mai R. Abba, à qui, en réalité, cette place [965] ne revenait pas, *mais plutôt à l'Ab-béth-Din Mar Aaron Qimouy, qui était plus savant et plus capable que celui-là [966], mais à la suite d'un songe, R Joseph fut élevé au Gaonat Il était très pieux et vieux, et le Prophète Elie de sainte mémoire [lui] serait apparu et aurait *continuellement séjourné dans son ecole [967] Un jour, *absorbé dans ses pensées [968], il cria à ses disciples *Faites place [969] au vieillard qui entre [970] ! Puisque les disciples ne virent personne [971], ils savaient que c'était Elie [de ste mém] et ils se retirèrent De cet événement proviennent l'usage de laisser la place vacante *à la droite du recteur [972]. *Mon grand-père [973], le Gaon (le père de notre père), était son secrétaire, et exécutait *toutes les affaires [974] relatives aux ecoles, *aussi longtemps que celui-là vécut [975] Le jour *de sa mort, [976] il y eut *un effroyable ouragan [977] qui dégénéra en un tremblement de terre On mentionne encore que, dans sa jeunesse, il s'adonna avec ardeur à l'etude, c'est pourquoi le Gaon Mar R Schinouai le bénit et lui dit *Tu seras un jour le chef [978] de *ton peuple [979] Il fut recteur pendant deux ans Après lui fonctionna Mar R. Abraham b Mai

R Scherira, pendant douze ans, depuis l'année 127 [980]. A cette époque, Mar R. Joseph b Mar Chiyya était Ab-béth-Din et fut institué contre-Gaon, durant les dissentions entre les Exilarques Daniel et David *b. Juda [981], jusqu'à ce qu'ils se reconcilièrent [982] *avec Mar [983] R. Abraham. *Il fut alors décidé que tous deux, Mar R Joseph et Mar R Abraham, porteraient le titre de Gaon, mais qu'aux assemblées [984] générales [985] R. Mar Abraham prononcerait le discours et que R. *Joseph s'assierait à côté de lui [986]. Un jour qu'ils vinrent [987] à Bagdad et qu' *ils se rendirent à l'école [988] *du Bar Naschala, [989] pendant la grande Calla [990], *le ministre officiant s'écria [991] : Entendez ce que les recteurs *veulent dire [992] ! Alors Israél se mit tellement à pleurer que personne ne pouvait comprendre *ce que les recteurs disaient [993]. Mar Joseph aussi trembla [994], se leva [995] aussitôt et dit Je renonce au Gaonat et redeviens [996] Ab-béth-Din *Aussitôt Mar R Abraham, le bénit [997] et dit Que le Dieu miséricordieux te fasse participer [à la vie future] ! Après Mar R. Abraham, ce Mar R. Joseph fonctionna pendant *sept ans, depuis l'année 139 [998] Mar R Isaac b Mar Chananya [999] lui succéda (et fonctionna en l'an 144). C'est à cause de son âge que Mar R Joseph b Mar R Rabbi, qui était *Ab-béth-Din [1000] du temps du Mar R Joseph b. Mar R. Chiyya [1001], fut préféré [1002] Il était (instruit et son cousin) petit-fils de notre aieul le Gaon Mar R Abba L'autorisation de Mar R Isaac, accordée par l'Exilarque David b. Juda, [1003] *blessa Mar R. Joseph. Alors Mar R. Isaac vint [1004] à lui et lui dit Que cela ne t'attriste pas, Dayyana d'Baba. nous nous trouvons l'un à l'autre dans la même situation où les Amoraïm Rabba et R. Joseph se trouvèrent [1005], *tu peux donc être certain que tu vivras [1006] et parviendras à être mon successeur R. Joseph était intelligent, il *accepta ces paroles, se déclara satisfait [1007] (et) lui (dit incline-toi [1008]) devant le recteur. Celui-là fonctionna sept [1009] ans A lui succéda, en l'an 150, ce R. Joseph (b Mar Rabbi, qui fonctionna deux ans) Puis, de l'an 153, Mar R. Platoi b. Mar R Abayi fonctionna pendant seize ans et Mar R. Achai Cahana b Mar R Mar lui succéda pendant *six mois [1010], en l'an 169. Ensuite, il y eut lutte [entre] le prétendant Mar R. Menachem Gaon b Mar R Joseph Gaon, avec lequel tinrent pendant un an et demi, des savants distingués, et [entre] Mathathya b. Mar Rabba, qui [avait] d'autres savants de son côté. Après la mort du premier, en l'an 171 [1011], [tous] les savants reconnurent *Mar [1012] R. Mathathya, pendant dix ans. Mar R. Abba [1013] b. Mar R. Ami lui succéda, en l'an 180, et fonctionna deux ans et demi. Il était un petit-fils du Mar R. Samuel que l'on [l'Exilarque Salomo b. Chasdai] nomma Gaon de [Matha] Mechasya [1014], comme nous le disions ci-dessus. Ensuite <fonctionna>, en l'an 183, le Gaon Mar R. Cémach b. Mar Platoi, le grand-père [1015], durant dix-neuf ans, et Mar R. Hai b. R. Mar David [1016] lui succéda, en l'an 201, pendant *sept ans et demi [1017]. *Durant ce siècle [1018] fonctionnèrent [1019] à Mechasya Mar R. Hilai b. Mar R. Mari, pendant neuf ans, Mar R. Jacob Haccohen b. Mar R. Mardochée, quatorze [1020] ans, Mar R. Abimi [1021], frère du Mar R. Mardochée, huit ans, Mar R. Çadoq [1022] b. Mar R. Aschi, deux ans ; Mar R. Hilai b. Mar R. Chananva, trois ans et demi, R. Qimoi b. Mar R. Aschi, trois ans et demi, quand une lutte éclata [1023]. Après, Mar R. Moïse [1024] Cahana b. Mar R. Jacob fonctionna *dix ans et demi [1025], et après lui *le Gaonat resta vacant pendant deux ans. Alors, Mar R. Cohen Cédeq b. Mar Iboumi [1026] devint Gaon, *pendant dix ans et demi [1027]. Successivement vinrent les Gueonim : Mar R. Schalom b. Mar R. Boaz [1028], dix ans, Mar R. Natronai b. Mar R. Hilai b. Mar R. Mari, huit [1029] ans, Mar R. Amram b. Mar R. Scheschna, huit [1030] ans. *Dans une lutte il avait antérieurement déjà obtenu le Gaonat, mais il fut révoqué, plus tard il reprit ses fonctions et, après avoir occupé l'emploi pendant le temps, comme dit ci-dessus il mourut. A lui succédèrent Mar R. Nachschon (Gaon) b. Mar R. Çadoq Gaon *pendant huit ans [1031]; Mar R. Cémach b. Mar R. Chayim, frère du [Gaon] Mar R. Nachschon, pendant sept ans [1032] ; Mar R. *Malca, un mois [1033] *et mourut [1034]. *(Vers ce temps) moururent, en trois mois, la plupart des savants de Matha Mechasya. Puis fonctionnèrent [1035] Mar R. Hai b. Mar R. Nachschon, sept [1036] ans, Mar R. Hilai b. R. Natronai Gaon, cinq [1037] ans, et Mar R. Schalom b. Mar R. Mischaél, sept ans. Puis, la situation s'est tellement empirée [1038] à Matha Mechasya, qu'il n'y avait plus [1039] de savants. Mar R. Jacob b. Mar

R. Natronaï fonctionna [1040] alors treize ans. Après lui, *faute de dignitaire, [1041] l'Exilarque [1042] David nomma le tisserand [1043] Mar R. Yom Tob. Cahana b. Mar R. Jacob Gaon, parce qu'il n' [*y] avait [1044] pas [de choix de [1045]] savants. Celui-ci <fonctionna> deux [1046] ans. Après, les docteurs projetèrent de dissoudre l'Académie à Matha Mechasya et de déplacer à Poumbaditha les savants s'y trouvant encore. Finalement, ils résolurent de confier le Gaonat de Mechasya à Mar R. Nathan Allouph, frère de notre père, fils de notre (grand-) père Mar R. Juda, pour que l'Académie ne tombât pas entièrement. Mais entretemps [1047] il mourut. Alors l'Exilarque David appela Mar R. Saadyah b. Mar R. Joseph, surnommé Fayyoumi [1048], qui [n'appartenait pas] au corps des savants de l'Académie, mais [venait] de l'Egypte et lui décerna le titre de Gaon, au mois d'Iyyar de l'année 239. Celui-ci rassembla alors tous les fils des savants de Mechasya et les disciples de l'Académie de Poumbaditha et dirigea l'académie [de Matha Mechasya], pendant deux ans. Après cela surgit une contestation avec [1049] l'Exilarque David. Alors Saadyah nomma *son frère Hassan, qui s'appelait aussi Josia, Exilarque [1050], mais cela ne lui réussit pas. Josia fut banni à Charason [1051], et l'Exilarque David nomma R. Joseph b. R. Jacob (Gaon) surnommé Bar Satya, qui était encore tout jeune et un disciple sans importance vis-à-vis de Saadyah, *Gaon de Matha Mechasya [1052]. Cependant, Mar R. Saadyah se cacha quelques années [1053] devant [1054] l'Exilarque David, et pendant ce temps R. Joseph occupa le Gaonat à Mechasya. Finalement, Rabbi Saadyah se réconcilia avec l'Exilarque David. Néanmoins R. Joseph [resta] à son poste. De la nomination de Saadyah jusqu'à sa mort il s'écoula quatorze [1055] ans. Il mourut du vivant de notre père, en l'an 253 [1056], après l'Exilarque David. R. Joseph fut alors l'unique recteur à Matha Mechasya et sous sa direction l'Académie tomba (complètement), puisqu'en science, il était très inférieur même au Gaon R. Aaron. Il quitta Mechasya et (tout) Babel, se rendit dans la province de Basra, où il mourut. *Après, il n'y eut plus d'Académie à Matha Mechasya [1057].

Pendant ce dernier siècle, les Guconim [suivants] fonctionnèrent à Poumbaditha : En l'an 209, après le Gaon Mar R. Haï b Mar R. David, Mar R. Qimoj [1058] Gaon b. Mar R. Achai Gaon, pendant sept ans et demi [1059]. Au commencement de l'an 217, notre grand-père Mar R. Judaï (Gaon), père de notre père [1060] b. Mar R. Samuel, Resch Callah, pendant *dix ans et demi [1061]; il mourut au mois d'Adar de l'année 228. En cette année, une discussion survint [entre les docteurs de l'Académie et l'Exilarque David], les premiers nommèrent Gaon Mar R. Mebasser Cahana Gaon b Mar R. Qimoj [1058] Gaon, le dernier cependant nomma Mar R. Cohen Cédeq Cahana *b. Mar [1062] R. Joseph Cette lutte [entre eux] dura jusqu'au [mois] d'Eloul de l'an 239 Alors l'Exilarque David se reconcilia avec le Gaon R Mebasser, celui-ci [1063] se sépara ainsi avec ses partisans, *les plus grands savants étaient avec lui [1064], de Mar R. Cohen Cédeq et de ses savants. Quand cependant Mar R Mebasser Gaon mourut, au mois de Kisléw de l'an 237, [ses] savants s'adjoignirent à (R) Cohen [Cédeq] Après la mort de ce dernier, en l'an 247 [1065], Mar R. Cemach b. Mar R. Kafnaï [1066] fonctionna pendant deux ans et demi et mourut ᶜen l'an [1067] 249. Au mois de Tébéth de *la même année [1068], notre père Mar R Chananya b Mar R Juda Gaon, lui succéda et fonctionna cinq ans et demi et mourut en l'an 254 [1069]. Après lui Mar R. Aaron b Mar R Joseph Haccohen fut nommé Gaon, quoique n'appartenant pas au corps des savants, mais au commerce Mar R Mebasser Gaon l'autorisa, *à cause de la pénurie de savants [1070] Non parce qu'il revint à lui de succéder à notre père, c'était plutôt à Mar R Amram, Rosch Callah, frère de notre mère (fils de Mar R Menasché [1071], qu'il revenait d'être son successeur, mais Mar R. Aaron s'imposa de force et Mar R Amram [1072], par crainte de lui, se désista de cette fonction Plus tard, Mar (R) Nechemyah b Mar R Cohen Cé'eq, son ancien disciple, contesta cette dignité au Mar R Aaron. Comme celui-ci était plus savant que Mar R Nechemyah, les disciples ne l' [1073] abandonnèrent pas. Quand Mar Aaron mourut, à la fin de l'année 271, *une partie des savants se rangea [1074] du côté de Mar Nechemyah, tandis que nous et de nombreux savants, nous ne fûmes pas avec lui et ne le suivîmes pas C'est vers ce temps que nous fûmes nommés Ab-beth Din. Nous n'avons pas accepté le Gaonat avant la mort [de Mar R. Nechemyah] En l'an 279 seulement, *la dignité de Gaon nous fut conférée et, il y a deux [1075] ans, nous nommâmes [1076] notre fils Ab-beth-Din.

Puisse-t-il être agréable au Saint, qu'Il soit loué, de nous rendre digne des vivants et de ceux, destinés [1077] à la vie (Qu'Il nous obtienne de diriger Israël [en vérité] comme il convient [et tel qu'il le fait] Qu'Il fasse venir le Messie, *fils de David [1078] (maintenant) dans un temps court et prochain, de notre et de votre vivant [et de celui de toute la maison d'Israël ! que cela soit sa volonté] Amen.

Le responsum de notre Maître le Gaon Scheïna du père de notre Maître, du Gaon Haï de sainte mémoire, est terminé [1079].

APPENDICE

1. Les hommes de la grande Synagogue sont supposés l'avoir fait (voy. *note* 18). Raschi (mentionné dans *Séder-ha-Doroth*, I, p. 187), לסוף בית שני נקראו כנסת הגדולה, semble confirmer mon explication sur ce sujet (*note* 18).

2. A) *Les sept règles de Hillel* sont les suivantes 1° קל וחומר " Léger et pesant ,,. conclusion a minori ad maius, respectivement a maiori ad minus ; 2° גזירה שוה " La conclusion suivant analogie du langage ,,, c.-à-d. lorsque, à deux endroits différents de la Loi, les mêmes mots ou des mots de même signification sont employés, les deux lois, si différentes qu'elles puissent être, entraînent les mêmes applications Exemple . *Pessachim*, 66 a , 3° בנין אב מכתוב אחד " Règle principale tirée d'un verset ,,, c.-à-d. analogie selon une sentence générale de l'Ecriture, 4° בנין אב משני כתובים " Règle principale tirée de deux versets ,, , c.-à-d. analogie selon une doctrine qui se laisse déduire de deux passages, 5° כלל יפרט ופרט וכלל (Général) et particulier ,, , c.-à-d. détermination du général par le particulier

culier et vice versa , 6° **כיוצא בו במקום אחר** ' L'analogie
avec un autre passage de l'Ecriture , 7° **דבר הלמד מעניגו**
‟ Quelque chose qui est démontré par l'accord. „ — Nous avons
suivi le Siphra, où se trouvent aussi les treize règles de R. Ismaél,
quant à la succession des Middoth de Hillel. Toutefois, la 6° règle
n'y figure pas. Les règles se trouvent aussi dans Aboth de
Rabbi Nathan, chap 37 et dans la Thosephtha Sanhédrin, chap 7.

B) *Les 13 Middoth de R. Ismaél* ne sont en général qu'une
variante des sept Middoth de Hillel. Elles portent aussi le nom
Baraitha de Rabbi Ismael. Ismaél 1° = Hillel 1° , Ismael 2° =
Hillel 2° , Ismaél 3° = Hillel 3° et 4°. Ismaél fait de la 5° règle
de Hillel 4° **כלל ופרט** , 5° **פרט וכלל** , 6° **כלל ופרט וכלל**.
Le général, le particulier et le général, c.-à-d lorsqu'une phrase
concernant le général est suivie d'une phrase concernant le
particulier, la conclusion est déterminée par le particulier , 7°
כלל הצריך לפרט. Du général dont l'explication ne peut se
faire que par le particulier, et vice versa ; 8° **דבר שהיה בכלל**
ויצא מן הכלל. Une loi contenue dans une règle générale,
mais qui en sort pour faire ressortir un enseignement spécial,
ne confère pas seulement à elle-même cet enseignement plus
précise, mais aussi à toute la règle , 9° **דבר שהיה בכלל**
ויצא לטעון אחר שהוא כעניגו. Une proposition comprise dans
une règle générale, mais qui en sort à cause d'une autre détermination, tout en lui restant identique, comporte maintenant une
application plus modérée et non pas plus sévère de la Loi ,
10° **דבר . . שלא כעניגו** Toutefois, quand le cas est prévu
comme ci-dessus, à ceci près que la proposition ne ressemble
pas, autrement aussi, à la doctrine générale, elle implique,
indépendamment de celle-ci, une application plus modérée ou
plus sévère de la Loi , 11° **דבר שהיה בכלל ויצא לידון** Une
proposition comprise dans une doctrine générale, qui en a été
sortie pour recevoir une nouvelle détermination opposée, ne peut
être ramenée à la règle générale que lorsque ceci se base sur
l'Ecriture même ; 12° **דבר הלמד מעניגו** Quelque chose qui se
laisse démontrer par l'accord ou par la conclusion ; 14° **שני**
כתובים המכחישין זה את זה עד שיבוא הכתוב השלישי
ויכריע ביניהם. Lorsque deux versets se contredisent, cette contra-

diction peut être résolue en se référant à un troisième. — Ces règles furent de nouveau amplifiées pour donner lieu aux :

c) *Trente-deux règles de R Eliezer b José ha-Guelili.* Comme le dit déjà le titre, כל"ב מדות אגדה נדרשת, ces règles ne sont pas destinées à la Halakha, comme les précédentes, mais bien à la Haggada Elles furent néanmoins quelquefois utilisées aussi au développement de 'la Halakha, par exemple *Theroumoth*, I, 1. — Dans les meilleures éditions du Talmud, ces Middoth sont placées après la section Berakhoth Il n'y a, selon nous, pas de doute que ce n'est pas R. Eliézer qui rédigea ces 32 règles, si même quelques-unes de celles-ci lui sont antérieures. Si c'eut été lui, mention en eut certainement été faite dans le Talmud, ainsi que ceci est le cas pour les règles de Hillel et d'Ismaél. Il paraît même que les Gueonim d'une époque plus récente n'ont pas connu R. Eliézer comme étant l'auteur de règles quelconques. En effet, Scherira (*Epître*, p. 18), cite quelques-unes de ces règles, mais sans savoir leur attribuer d'auteur, tandis qu'il indique nominativement celui d'Ismaél. Le fait d'avoir attribué ces règles à R. Eliézer a probablement provoqué la phrase (*Choullin*, 89 a). " Quand tu entends prononcer le nom de R. Eliézer ben José ha-Guelili dans la Haggada, tend l'oreille comme une écumoire. „ 1° רבוי. Inclusion ou amplification en vertu des mots את, גם, אף. Dans *Génèse*, XXI, 1 : " Dieu pensa à Sarah „, את se rapporte à d'autres personnes aussi ; 2° מעוט Exclusion ou diminution en vertu d'un des mots אך, רק, מן ; 3° רבוי אחר רבוי. La succession d'un mot inclus à un autre signifie que plus y est compris, 4° מעוט אחר מעוט. Si une exclusion succède à une exclusion, le plus est exclus, 5° קל וחומר מפורש Conclusion a minori ad maius et vice versa, clairement indiquée Par exemple *Jérém*, XII, 5. " Quand tu cours avec des piétons et qu'ils te fatiguent „, (conclusion .) " comment veux-tu lutter avec des coursiers ? „, 6° קל וחומר סתום. Conclusion intimée a minori ad maius et vice versa, 7° גזירה שוה et 8° בנין אב = Hillel 2° et 3°, 9° דרך קצרה. " Expression abrégée „ Usage en est fait lorsque la proposition se comprend d'elle-même, 10° דבר שהוא שני. Une répétition a lieu dans l'Ecriture pour exprimer quelque chose de nouveau, 11° סדור שנחלק. Interprétation sur la base de la " Séparation de ce qui appartient ensemble „ , 12° דבר שבא ללמד ונמצא למד. Quand, afin d'expliquer, appel est fait à une règle, celle-ci reçoit ainsi un éclaircissement nouveau , 13° כלל שאחריו מעשה. Si une action succède à du général, elle constitue le particulier de celui-ci. Par exemple . *Génèse*. I, 27 " Dieu créa l'homme „ (Général), II, 7 " Dieu avait formé l'homme de la poudre de la terre. „ (Action), 14° דבר גדול שנתלה בקטן. Un objet important est comparé à un objet insignifiant, afin qu'une compréhension plus parfaite en ressorte (telle la doctrine divine composée à la pluie. *Deut.*, XXXII, 2), 15° שני כתובים המכחישים = 13° d'Ismaél, à ceci près que celui-ci utilise la règle dans la Halakha, tandis qu'Ehézer la place dans la Haggada, 16° דבר המיוחד במקומו Emploi important d'une expression. Par exemple I *Samuel*, I, 2 " Dieu des armées „ , 17° דבר שאיני מתפרש במקומו. Une circonstance qui n'est pas expliquée au passage principal, l'est à un autre La description du Paradis, *Génèse*, II, 8, est complétée par *Ezech*, XXVIII, 13 ; 18° דבר שנאמר במקצת. On cite un cas particulier d'une espèce d'événements, quoique l'ensemble soit sous-entendu. Par exemple *Ex.*, XXII, 30 „ . et vous ne mangerez point de la chair déchirée aux " champs " .. parce que la bête y aura été tuée , 19° דבר שנאמר בזה וח"ה לחבירו Une attribution concernant un objet se rapporte aussi à un autre Par exemple, dans *Ps*, XCVII, 11, le mot " lumière „ de la première partie du verset se réfère aussi à la seconde, et le mot " joie „ de la seconde partie s'étend aussi à la première , 20° דבר שנאמר בזה Une déclaration ne s'applique pas là, où elle est citée, mais elle s'applique à un autre endroit, et elle peut y être rapportée. Par exemple *Deut.*, XXXIII, 7 ne se rapporte pas à Juda, mais bien à Simon , 21° דבר שהוקש. On compare un objet à deux autres et on ne lui attribue que les bonnes qualités de ceux-ci Par exemple *Ps.*, XCII, 13, où le juste est comparé au palmier qui porte des fruits (mais qui ne donne pas d'ombre) et avec le cèdre du Liban ombrageant (mais qui ne produit pas de fruits commestibles), 22" דבר שהכירו מוכיח עליו. Une phrase qui doit être [illegible] [illegible] Par exemple, dans *Prov.*,

XXI, 14, la première partie doit être complétée par la seconde, 23° דבר שהוא מוכיח על חבירו. Une phrase sert à compléter une phrase parallèle, 24° דבר שהיה בכלל ויצא מן הכלל ללמד על עצמו. Un objet qui est compris dans une phrase générale et dont mention est néanmoins faite, est ainsi placée en un nouveau relief Par exemple, *Jos*, II. 1, mention y est faite de la ville de Jéricho, quoique immédiatement auparavant il soit question de la Palestine, à laquelle cette ville appartient. Ceci implique que, dans l'ensemble du pays, cette ville avait une valeur spéciale, 25° דבר שהיה בכלל ויצא מן הכלל ללמד על חבירו. Lorsque mention expresse est faite d'un objet quoiqu'il soit déjà compris dans la phrase générale, ceci peut éclaircir un objet similaire Par exemple, la recommandation superflue " Vous ne prendrez point de rançon pour la vie du meurtrier „ (*Nomb.*, XXXV, 31) Comme il est déjà déclaré que le meurtrier sera puni de mort, ceci permet d'admettre que la blessure peut bien donner lieu à rançon, 26° משל Parabole, 27° ממעל. Explication par ce qui précède ; 28° מנגד Explication par ce qui est opposé, 29° גימטריא Calcul d'après la valeur des lettres Ainsi אליעזר = 318 (les serviteurs d'Abraham) Ou bien, remplacement des lettres par d'autres. Par exemple. *Jer*, LVII, 1 · כשדים = לב קמי d'après l'alphabet א"ת ב"ש, 30° נוטריקון Démembrement d'un mot en plusieurs, interprétation des lettres séparées en autant de mots qui commencent par elles Par exemple, par les lettres du mot נמרצת (I *Rois*, II, 8) les injures sont indiquées que Schimei aurait prononcées contre David נואף adultère, מואב Moabite· רוצח meurtrier, צורר oppresseur, תועבה monstre (*Sabbath.* 104 b, Midrasch du *Ps*, III, 3), 31° מקדם שהוא מאוחר בענין Quelque chose qui devrait précéder et qui est placé après. Par exemple, dans I *Sam.*, III. 3 les mots " dans le tabernacle de Dieu „ se relient aux mots " n'étaient pas encore éteintes „, quoique les mots " Samuel était couché „ les séparent, 32° מקדם ומאוחר Maints passages de la Bible se réfèrent à une époque antérieure à celle d'un passage qui précède, et vice versa — 3 Sans controverse, huit Halakhoth proviennent de Hillel et cinq de Schammai

Par contre, il y en a trois (*Edouyyoth*, I, 1, 2, 3) ou cinq (cf. *Sabbath*, 15 a) concernant lesquelles l'opinion, à qui des deux docteurs les attribuer, diffère Il est caractéristique que dans ces controverses la Halakha ne fut décidée ni dans le sens de Hillel, ni dans le sens de Schammaï. — 4 Il y a 221 Halakhoth concernant lesquelles les écoles de Hillel et de Schammaï ne sont pas d'accord. De celles-ci, il y en a sept touchant lesquelles l'école de Hillel s'est ralliée à l'école de Schammaï. — 5 A l'exception de cinquante-cinq passages, l'école de Schammaï est partout plus sévère que l'école de Hillel. (Tous les passages sont cités dans Weiss, *Zur Geschichte*, I, p. 169 et suiv.). — 6. Un grand nombre de lois sont censées avoir été formulées ce jour-là (*Berakhoth*, 28 a). Mais il est impossible qu'elles aient été débattues toutes le même jour. Probablement qu'elles n'ont été que proposées et discutées par la suite. — 7. Son nom est donné à un ouvrage פרקי דר׳ אליעזר qui, sous sa forme actuelle, n'a pu être achevé qu'au VIII° siècle. Il est digne de mention pour ses descriptions astronomiques, et quelques auteurs le rattachent même à une œuvre fondamentale ancienne ברייתא דר׳ שמואל (Jost, *Geschichte des Judentums und seiner Schten*, II, p. 35, note 2.) — 8. Comparez notre note 107 touchant la règle " La Mischna anonyme est de Méïr. „ — 9. Ce petit ouvrage, que l'on qualifie de Grand, à l'inverse de la chronique " Petit Séder Olam „, paru beaucoup plus tard, contient un grand nombre d'ajoutés plus récentes. Il s'y rencontre aussi (chap. V) des idées qui sont en contradiction avec celles que son auteur exprime dans le Talmud. (*Yôma*, 4 b). Comparez sur ce point Zunz, *Gottesdienstliche Vortrage*, pp. 85 et 138. — 10 Il ne peut être précisé quel était l'Antoine dont il est question, car, du temps de Juda, les deux successeurs d'Antonine le Pieux portèrent ce nom. Graetz nie ce fait, mais à tort (cf. *Abôda Zara*, 10 b, *Nidda*, 45 a ; Rappaport, *Erech Millin*, pp. 123 et 262 ; *Hechaloutz*, II, 71 ; Jost, *Geschichte*, II, p 118. — 11. Les opinions varient sur la question de savoir si la Mischna a pu être écrite par Juda même, étant donnée la " défense d'écrire „, qui aurait existé. Nous ne pouvons discuter ici la réalité de cette défense, mais ce dont nous sommes certains — qu'on admette ou non son existence — c'est qu'antérieurement établie de Halakhoth écrites existaient déjà, et non pas seulement des Haggadoth. — 12. Ce qui signifie Docteur, de même que Juda, rédacteur de la Mischna, s'appelait " Rabbi „. En Palestine, on faisait précéder le nom du docteur par le titre de " Rabbi „, et en Babylonie par celui de " Rab „. Cf. *Arouch*, s. v. אבי. — 13. Ibn Daud (*Sépher Haccabbala*) et Maïmonide (dans l'*Avant-propos du Commentaire de la Mischna*), font rédiger le Talmud palestinien par R. Yochanan (199-279). Mais ceci est insoutenable, car de nombreux docteurs, cités dans celui-ci, ont enseigné longtemps après Yochanan. Ce Talmud aura probablement reçu sa forme première dans l'académie de Yochanan, mais il n'aura été rédigé qu'au vᵉ siècle. — 14. Graetz (*Geschichte*, IV, p. 323) déclare qu'à la mort de Houna, Juda fut nommé recteur de l'académie de Sora. Nous ne savons pas à quelle source il puise ce renseignement. Notre manière de voir est conforme à la déclaration formelle de Scherira. Ibn Daud (*loc. cit.*, p. 58) déclare au contraire : " Juda mourut le premier et, à sa mort, ses disciples, sous la direction de Houna, se rallièrent à l'académie de Sora. „

NOTES

1. Le titre Gaon, porté, de la fin du vi^e à la première moitié du xie siècle, par les recteurs des écoles juives de Babylonie et utilisé par Scherira également pour les Saboraïm (cf. *note* 784), est d'origine hébraïque et non pas arabe ou perse comme le prétend Graetz *(Geschichte der Juden,* 2e édit., t. V, p. 115); il signifie Altesse, Excellence, suivant ordinairement comme apposition le nom propre et est souvent employé devant le nom de יעקב. Cf. *Ps.,* XLVII, 5.

2. Voici la table généalogique de Scherira, reproduite d'après Fürst *(Litteratur-blatt des Orients,* IXe année (1848), p. 26). Les points dans les deux tableaux désignent des interruptions peu importantes et le signe (o) auprès des dates, signifie que nous les avons corrigées d'après notre texte. Nous n'y avons toutefois apporté de rectifications que là, où nous pouvions nous baser sur des indices certains.

A. Du côté paternel

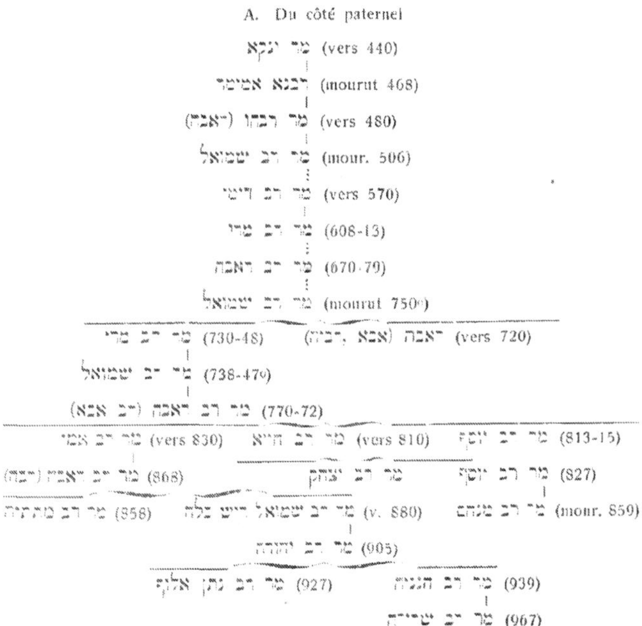

B Du côté maternel

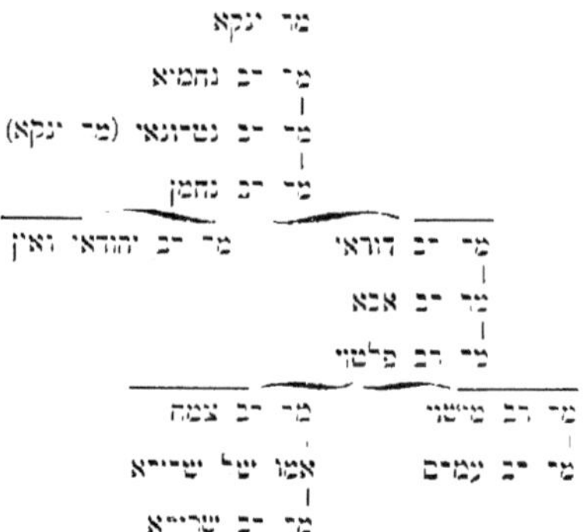

3 Scherira a procédé consciencieusement avec ses réponses en général et dans l'épître historique en particulier, comme le prouvent les diverses expressions de doutes et de réserves qui y figurent אי אפשר לברר לכם דבר זה באר חטב אלא כללא בעלמא (*Theschouboth Haggueonim*, édit, Mussafia, Lyck, n° 29), ainsi que dans l'épitre, p 35 ובאילין שני כללהן גאונים רהוו במיש, p 36 ואמרין הגאון חיי עד שנת אלפא לא נהירא להן ישפיר על הסדר Scherira cite aussi, p 34, des sources historiques dont il se servait דהכי פירשו גאוני בספרי וכיוניהם בדברי הימים.

4 Cette circonstance peut bien avoir créé la réponse à l'opposition aux Gueonim (שערי תשובה. n° 187) De là, l'expression qui y figure   le disciple le plus ignorant entre les plus insignifiants des Gueonim , signifierait Hai

5 Ibn Daud (*Sépher Haccabbala,* édit Neubauer, p 67) dit ונתלה ר' שירירא בידו אהת. Par suite de l'obscurité de cette expression, l'éditeur du Youchasin (édit Varsovie, 1876, p 141) et Weiss *(Zur Geschichte der jud Tradition,* t IV, p 173, note 19) ont été tentés de corriger cette phrase en ונתלה רב שירירא מיד ומת ce qui est cependant faux, étant donné qu'Ibn Daud et Youchasin informent plus loin אלא הוש מגאונות. c-à-d, Scherira continua plus tard à fonctionner comme Gaon Nous proposons conséquemment avec Luzzatto (dans Graetz, *Geschichte,* t V, p 323, note 1) la leçon ונתלה ר' שירירא בידי אישה אהת et ונתלה ב- ou בידי signifie ici, comme p 65 et ailleurs chez ce chronographe se baser ou compter sur quelqu'un, être protégé par quelqu'un Dans ce sens on peut également comprendre le mot ואה תלי Ecclésiastique, VII, 18 Cf nos développements dans *Orientalist. Litteratur-Zeitung,* VIe année, p 89

6 Dans la préface du livre attribué à Isaac Abohab, Menorath ha-Maor, on cite un passage de Megullath Setharim, qui figure aussi dans ספר האשבול de Abraham ben Isaac (au milieu du XIe siècle), 2e partie, p 47 et commence par אמר רב שירירא Comme cette citation a le même texte que celle dans Menorath ha-Maor, et attendu que nous ne la trouvons pas dans les responsa de Scherira, il est certain qu'elle dérive également de Megullath Setharim

7. Nous eussions attendu de Scherira l'indication, la fin de l'époque Saboraïque, p ex par סוֹף סברה. comme il le fait chez les Amoraim סוֹף הוראה p. 34, 3, quoique cette indication est remplacée partiellement par le titre מר רב.

8 Un responsum detaillé, également de Scherira, adressé à Jacob ben Nissim, se trouve dans Arouch, s v אב"י, à la question s'il est vrai, que le titre רב désigne un docteur babylonien, et ר"ב un docteur palestinien et pourquoi plusieurs docteurs sont-ils cités sans aucun titre, d'autres, par contre, par רב ou רב"י. et d'autres encore avec רבן M Rappaport (B'recour' ha-Ittim, X[e] année, note 32) considère cette réponse comme faisant partie de l'épître, seulement que les copistes l'auraient divisé plus tard Quant à nous, nous ue saurions partager cet avis. Mais nous le considérons toutefois comme superflu de prouver le contraire Les responsa n°s 218 et 219 dans l'édition Harkavy seront bien les rejetons de l'épître historique

9) La circonstance que Scherira croyait à de tels contes, est propre à éclaircir son attitude pour la doctrine mystique, la Kabbala Cf. à ce sujet Rappaport *(loc cit)*, Graetz, *(Geschichte*, t IV, p 321) Weiss, *Zur Geschichte*, t IV, p. 170 et suiv , par contre Harkavy, *Studien und Mitteilungen*, IVe partie, p 16 et suiv.

10 Ainsi tous les anciens savants espagnols, comme R Nissim ben Jacob de Kairouan, ami intime de Hai ben Scherira, fils et successeur du destinataire de l'epître de Scherira, dans la préface du המפתח ; Samuel ha-Naguid de Malaga (1027-1055), Secrétaire intime et Conseil du Roi Habus de Grenade, dans son מבוא התלמוד Samuel reçut la tradition de R Nissim, donc indirectement de Hai *(Sépher Haccabbala*, p 73), et il est clair que tous deux, Nissim et Samuel, se sont conformés aux traditions de Scherira, l'illustre poete hébreu et philosophe Juda ha-Levi dans son livre כוזרי, III, § 67, et plusieurs encore. Cf Strack, *Einleitung in den Talmud*, 3e édit , p 54

11 Cf Strack, *loc cit*, p 55 Juda ben Samuel ben Kalonynos, surnommé ha-Chassid » (le pieux), né Français et qui vécut vers l'an 1200 à Ratisbonne, en fait exception Il dit, au chapitre 367 de son ספר הסידים. ce qui suit לבך חכמים הראשונים לא כתבו ספריהם בשמם ... כגון מי שחבר ת"כ ומכילתא וברייתות ומדרשים ... לא כתבו בספריהם . . אגי פ"ב"פ כתבתי וחברתי זה הספר כדי שלא יהגה מן העולם הזה. Il en résulte clairement qu'il n'a point partagé l'avis de ses compatriotes, mais qu'il a admis que les auteurs des dites œuvres les ont mises en même temps par écrit

12 Ont paru jusqu'à présent les éditions suivantes ·

1º Conformément aux écoles Espagnoles

Editio princeps dans Sépher ha-Youchasin, Constantinople 1566 et dans les éditions plus récentes de cet ouvrage, dans la revue ירושלים (année 1846, 2e livraison, p 53 et suivantes) seulement une partie de l'épître et avec commentaire de Jacob Bodek, Neubauer, Mediaeval Jewish chronicles, Oxford 1887, p 3-41, ms Badlémien, nº 2521, 2, Oxford et un ms appartenant autrefois à M Halberstamm à Bielitz actuellement à M. Epstein à Vienne

2º Conformément aux écoles Françaises

Les deux éditions de Goldberg, mentionnées, p XLII; Dr J. Walerstein. Scherrae quae dicitur epistola, Breslau 1861 (avec traduction latine); ms. Paris, nº 585 , ms. Parme (De Rossi, n° 217) ; ms. Vienne (catalogue de J. Goldenthal, 3e partie, Vienne 1881, p. 21) ; ms. Oxford (Bodl. 2198).

13. Il est très curieux qu'un savant renommé comme Harkavy déclare comme faux tous ces responsa qui sont en contradiction avec ses hypothèses, sans toutefois être à même de le prouver par des arguments suffisants.

14. Les différents titres et formules-finales sont :

1. E. תשובת שאלה לגאון רב שרירא ראש ישיבה גאון יעקב ורב האי ראש ישיבה גאון יעקב נשלמה תשובת רבינו שרירא גאון אבוו יש׳ל רבינו et à la fin סדר החכמים ז״ל מאנשי כנ׳הג עם (עד׳) רב אשי ורבינא H. האי גאון ז״ל שאלה ל־ב שרירא גאון ז״ל. ישאל מרנא ורבנא יעקב בר נסים בר יאשיהו מלפני O. אדוננו רב שרירא ראש ישיבה בשם הקהל הקדוש קהל אלקירואן וצוה וכתב לו תשובות הנה בשנת אלף ור׳צ׳א למנין שטרות ומנין שטרות היא קודם ד׳ אלף ותק׳ והמשים ושנים. Les mss. de H. concordent à l'exception de quelques variations. Le conteuu en est comme le ms. de Parme que voici : ישאל *מרנא ורבנא (מר׳ו V. ורבנא : (p. manque יעקב בר נסים בר יאשיהו מלפני אדוננו מר רב שרירא גאון ראש ישיבה (V. (הישיבה p.) של גולה בשם הקהל הקדש קהל קיראן וצה וכתב (V. (ובתבו p.) לו תשובות הוא (V. (תשבתה p.) בישנת אלף ד׳צ׳ח למנין שטרות: סליק תשובות רבנא האי בר שרירא גאון שי׳ות לרב האי בי שרירא גאון et à la fin : Ms. o. Avant les éditions de Goldberg, les titre, d'après Neubauer inventés par l'éditeur même, sont : M. תשובת רבינו שרירא גאון הזדווה בשם ביצד נכתבה המשנה; G. a le titre du ms. Parisien qui est conforme à celui de Parme, sauf qu'il y est ajouté בהר״ד.[היא ד׳ אלפים תשמו ליצירה להישבון Un autre titre, là même, d'après un ms. de Londres : שאילו רבנן דבקירואן לבבא דמתיבתא לבי דינא דמרנא ורבנא שרירא בריה דרבנא חנניה בריה דרבא יהודה ואתו הגו שאילות בית דינא דמרנא ורבנא האי דיינא דבבא בריה דרבנא ומרנא רב שרירא ריש מתיבתא וז״ל השאלה והתשובה:

15. ודישאלתין ; ודששאלתם.

16. ב״צד, de quelle manière. Stein (Talmudische Terminologie, Prague 1869) dérive ce mot de la particule de comparaisen איך = ב et צד, côté, avis ; Levy (Neuhebräisches und Chaldäisches Woerlerbuch) et Weiss, (Studien über die Sprache der Mischna) le réduisent à בא׳ — צד, il est cependant plus juste d'après Maï-monide (פירוש המשניות לרמב״ם dans le traité Berakhoth, VIe chap.) une forme elliptique de בא׳ — זה — צד. On rencontre souvent dans le Midrasch (p. ex. Rabba aux Num., chap. IV) et dans les Talmuds באי זה צד ,ביזה צד. באיזה צד באיזה צד.

17. משנ׳ de שנה, apprendre, enseigner, comme hébr. bibl. lâmad, limméd, signification sous laquelle ce verbe se présente souvent dans la Mischna et le Talmud. Levy (loc. cit.) croit que משנה dérive de שנה répéter. Seulement dans ce cas le substantif devrait être mischné et le pl. משנים, comme גלים, גלה, tandis qu'ici le pl. en est משניות.

18. אנשי כנסת הגדולה, les Hommes de la Grande Synagogue sont réputés comme formant une institution qui a cessé d'exister avec Simon le Juste (Aboth I, 2). Mais déjà par rapport au nombre des membres, les plus anciennes sources ne sont point d'accord. — D'après le Talmud babyl., Meguilla, 117 b., 120 Zeqénim,

parmi lesquels quelques Prophètes, auraient été les auteurs des prières ; Berakhoth palest., 11 b, 120 Zeqénim parmi eux quatre-vingt et quelques Prophètes ; Ruth Rabba, s. v. מגן מגלה, 85 Zeqénim qui ont canonisé le livre d'Esther ; de même Meguilla palest., cap. I. Tout ceci serait l'œuvre des Hommes de la Grande Synagogue. Abarbanel (מדר הדורות, Varsovie 1897, 1re partie, p. 133) compte en tout 12 personnes. Qui a présidé ce collège, n'est point dit.

Nous entendons par אכ״ה non pas un collège, mais simplement la désignation des savants pendant le 2d temple (appelé כנסת הגדולה à cause de sa plus longue existance que le premier) et encore au-delà, jusqu'à environ R. Gamaliél II (vers l'an 90 après l'ère chrétienne). Si maintenant Aboth I, 2 est dit : שמעון הצדיק היה משירי כנה, cela ne veut absolument pas dire — comme beaucoup le prétendent — que Simon était *le dernier* d'eux, il était plutôt appelé משירי par piété envers ses prédécesseurs, analogue à l'expression פליטת סופרי״א des épigones des Sophrim. Que les אכ״ה n'avaient pas encore cessé avec Simon est prouvé par Mischna Péa, II, 6 et Thosephtha Yadayim IV, 3, d'après lesquelles les Paires, (qui vécurent environ 200 ans après Simon), auraient reçu la tradition des Prophètes זוגות קבלו מן הנביאים, comparées avec Aboth, I, 2 נביאים מסרוה לאכ״ה, d'où il résulte que les זוגות furent comptés parmi les Hommes de la Grande Synagogue. Comment, ensuite, serait-il compréhensible que, suivant le rapport de Meguilla babyl., 17 b, les Hommes de la grande Synagogue auraient rédigé la Schemoné-Esréh (la prière des 18 bénédictions) s'ils n'ont pas existé après la démolition du 2e temple, puisque dans les 14e et 15e prières, on supplie pour sa reconstruction. En effet, R. Gamaliél II ordonne seulement cette prière comme devoir (Mischna *Berakhoth*, IV, 3), ce qui prouve qu'elle n'était pas encore longtemps composée, et ce sont pourtant les אכ״ה qui furent considérés comme en étant les auteurs.

19. ‎3,2ᵃ Nom du rédacteur de la Mischna, R. Juda ha-Nassi. Ainsi qu'Aristote fut appelé, au moyen-âge, simplement le « Philosoph », de même que « Rabbi », maître. On l'appela également notre Saint Maître.

20. ‎התורה : O. והתורה. 21. ‎סבא : O. comme Béça pal IV, 62 c, הזוגות.

22. Au sujet du nom ר׳ מאיר cf. Youchasin, éd. Lond., p. 43 ; Graetz, *Geschichte*, t. IV, note 19 ; Frankel ד״רי המשנה. p. 154 et Hamburger, *Real-Encyclopädie des Judentums*, t. II, p. 705. — Il y en a qui entendent des passages comme Mischna Péa, IV, 11 et VII, 2 comme des exceptions à la règle citée, ce qui n'est pas exact. Il s'agit simplement de saisir son véritable sens : סתם מתניתין ר׳ מאיר ne veut pas dire que R. Méir a posé le principe se trouvant dans une Mischna anonyme, mais qu'il l'a transmis tel qu'il l'a appris de son maître et, s'il n'a pas admis la Halakha, il lui opposait ses propres avis, il les opposait même à celle de son propre maître R. Aqiba. Cf. Orla, III, 7. De cette façon, il est compréhensible que R. Méir se trouve en controverse avec la Mischna anonyme.

23. ‎מבלי התלמוד. Ce n'est pas le vrai Talmud que l'on a voulu dire ici par תלמוד, mais bien la doctrine, comme syr. talmodo et Schebouoth babyl., 40 b הלכה עד שיבא אליהו, une doctrine stéréotype. La Mischna emploie également pour ceci l'ancien תלמוד. Cf. Aboth, IV, 13, avec Baba Mecia, 30 b.

24 ורוב הכמי התלמוד ישישמותם. II manque, P. a la forme moderne, souvent dans le Talmud, ישישמותיהם · M : החכמים המפרישין. II ajoute הם.

25 3,5 ומאי טעמא : II — מאי   26 6 קמא׳ pour le targoum קדמא׳ (syr Kadmoyo) avec ד élidé remplacé par daguesch

27 ובכל שכן, au propre tout (prouve) qu'il est ainsi, aram כל דכן Nedarim, 49 b, O כל.   2א נכתב : II ajoute ממנה. E O. נכתבה.

29 סוף בית שני של רבי — P · סוף ימיו בימיי.

30 L'aram כדר équivaut à l'hébr ערך (ar satroum) Ce mot est aussi employé pour le premier, p ex שיש עירבי המישנה dans Midrasch Cant 6,4 et Pesiqtha Rab Cahana, édit Buber, 7 a (Strack. *Einleitung*, p 5)

31 6,7 ועוד אם סדרו הסדרים מסודר כהוגן סדר (וסדר O) המסכתות וענין סדור סדריה ברור אבל המסכתות II. : ט״ט עישו בזה הענין. מה טעם ישלה (ישלו P.) מאי טעמא:

32 מסכתות. pl de מסכת. Pour l'étymologie cf. Levy, *Worterbuch* et Strack, *loc. cit.*   33 3,7 עישו : G. י״ש.

34 י״מא, terminus technicus pour la désignation du traité, s'appelant aussi מבורים comme II et The Mischna de W. H Lowe, ou aussi יום הבבורים.

35 Ainsi dans les deux Talmuds, le contraire dans la Mischna

36 Ce traité est également appelé ביצה, œuf, ou, avec changement du א en ע. ביעה L'ordre est ainsi établi dans nos éditions de la Mischna et dans le Talmud palest, dans le Talmud bab, il est inverse

37 Ainsi dans la Mischna et dans le Talmud pal

38 3,9 בענין de עני hébr bibl, ce à quoi l'on se fatigue, de là. affaire, suite, cf l'arabe mânan et עניך dans le livre Ecclésiastes, I, 13. II על הענין.

39 ותו de תוב = syr thoub, hébr שׁוב. de nouveau, puis, G P le tharg ותוב.

40 Pour ce mot cf Levy, *loc. c.f*, t. IV et strack, *loc. c.t.*, p. 2

41 3,10 חתימת. II manque   42 תוספת דברים : II. לתוספת. p לפריש. לא כתבן רבי ולא כתב II. הניחקרבי au lieu de deux derniers mots   43 יבהם מפדישין

44 12 והלא עישם II וסישם : V וסישום   45 O נכתבה ... הברייתא. הברייתות ... וכתבה II. — de תלמוד avec ת prostheticum analogue à l'hébr bibl תמרוק de מרק   46 13 רבנן (O ועוד) ומן סבוראי (II רבנן).— סבורא׳ d'aram סבר = arabe et syr, cf hébr bibl ישבר. être d'avis, supposer Cf Gesenius, *Hebraisches u Aramaisches Handworterbuch*, 12 edit, Leipsick 1895 s v   47, H ajoute ורב איש   4א (G V מראיש ישימות.

49 14 מלבו : G. V.   50 שלך, עבישי, p היה הזה 51 15 אימי דודאי, II דיירא et plus loin après notre saint maître וודא׳

52 תרגינן Paél de ה״רן (syr theric), être juste, droit, diffère ici de talm, ou ce mot signifie ordinairement · expliquer un passage difficile Ici c'est comme l'hébr תקן Eccl XII, 9 תקן מישלים, composer des proverbes, cf Schemra 4,1 le passage cité du Talmud   53 דגרס׳; II גרסינא   54 הלבה de הילך. aller, se conduire, de là règlement rituel d'après lequel on doit se conduire Nom des différents paragraphes ou thèses de la Mischna et du Talmud palest

55 4,1 ורבי אמרינן י״ב״א דיבמות בפרק הבא על יבמתו; G ובמירא דיבמות

‎; מתני' אימת איתקן ביומי ר' ‎56. בהבא על יבמתו אמר רב אבא (רבא p.
nos éditions du Talmud ‎רבי תקן מאן מתניתין מכדי.

‎57. 4,2. ‎; מילתא היא ולא ‎II. ‎... ‎; לא שבקו (להון) קמאי ‎; שבקי ‎; (G. cor-
rupte ‎שבק. ‎58. ‎לבתראי ‎; E. manque. ‎59. 3. ‎בולהון, tous ceux-ci, de chald.
‎בולא ‎; cf. aram. bibl. ‎בלהון, Daniel II, 38; p. 7,19, cette forme n'est pas suivie de
sujet, comme on s'y attendrait également ici ; elle ne figure pas dans les Talmuds,
seulement Thargoum *Ps.* XXXIX, 6.

‎60. ‎גרסין (syr. gréc, arabe, jarasa), causer, parler. Bodek (Revue ‎ירושלים,
1845, p. 55) prétend que ce mot signifie : « lire » et prouve par là que les anciens
docteurs ont déjà fixé par écrit leurs doctrines.

‎61. ‎מתני ‎; (G. V. ‎מתני correspondant avec le part. constr., cf. *Berakhoth*, 56 a
‎ישמע, *Thaanith*, 23 a ‎יתלי et *responsa*, édit. Harkavy, § 241 ‎לקיטי.

‎62. ‎הבבל' (י)ל הל ou ‎הזקן ל, le Babylonien. Le titre ‎הזקן sert à la distinction
d'un autre docteur du même nom et signifie, comme Qidd. 32 b, polymathe, savant.
Le Gaon cherche à prouver par ce passage que toutes les doctrines proviennent
des anciens docteurs, étant donné que même Hillel qui faisait partie des premiers
Tanaïm, des 5 paires, ne professait que ce qui lui avait été enseigné par Schemaya
et Abtalyon. ‎63. Président du Synhédrin. ‎64. ‎מי Ici, comme souvent dans le
Talmud, quoi, quoi donc ? = ar. mâ. ‎65. ‎ישאתה ‎; II. et Talmud ‎שאעלה מבכל
‎ואהיה. ‎66. II. ajoute ‎אלא. ‎67. ‎מילתא (syr. meltho, melo, hébr. ‎מלה), mot,
au propre ; fig. usage. ‎68. 6,7. ‎איתידע ‎; II. ‎איתידע ‎; P. ‎איתדעו. Toutes ces
formes sont ittaaphal de ‎ידע resp. ‎ודע et ne figurent pas dans les Talmuds,
comme, du reste, cette conjugaison est comptée parmi les rares ; cf. Levias, *A
grammar of the aramaic idiom contained in the Babylonian Talmud*, Cincin-
nati, 1900, § 025. ‎69. ‎שמהתהן pl. de ‎שם, ‎שמא avec ‎ה intercalé, analogue au
syr. chmohin, pl. de schém, schmo. ‎70. ‎; הוה (G. ‎הוי אית בהן, p. ‎הוה אית ביניהן ‎;
P. ‎הוא ביניהן, après ‎מחלוקת manque ‎ביניהון.

‎71. 4,7. ‎; כל טעמי דאוריתא ‎; II. ‎טעמי מישנה ודאוריתא.

‎72. 8. ‎הויי de ‎הויה, ‎הויה pl. abs. ‎הויות, comme Baba Bathra, 134 a. Scherira
ligne 15 ‎הוייא, l'être, l'état, au propre ; fig. disputation ; E. ‎הויות ‎; II. ‎והוה
‎תנו במישנתם הוי. ‎73. II. ‎שמתחדש.

‎74. ‎דאויין de ‎ראה ‎; cf. Esther II, 9. Talmud ‎ראין.

‎75. ‎המה ‎; ‎שיתעמוד להם ‎; d'autres ‎הישמיש. Aboth de Rabbi Nathan, cap. 14 et
Kousari, III, 65 ‎לעבד הישנה ‎; cf. Bodek, *loc. cit.*, note 12.

‎76. Frankel (*Hodegetica in Mischnam*, p. 65) dit que dans toutes les éditions
du Talmud figure ‎רבי, non ‎רבן. ce pourquoi il prétend que R. Yochanan n'ait pas
été Nassi. C'est cependant inexact, vu que nos éditions ainsi que Saadyah (*The
Jewish quaterly Review*, n° 55, p. 465) lisent avec Scherira ‎רבן. ‎77. 13.
‎קלים והמורים pl. de ‎קל וחומר ‎; cf. p. 57.

‎78. ‎מישלי de l'hébr. bibl. ‎מישל ‎; G. et Haï (dans les recueils de Responsa
Schaaré Theschuba, § 13 et édit. Mussaphia, § 30) ‎מישלות de ‎ממשל, parabole,
fable ; Talmud ‎מישלות ‎; d'autres ‎ומשלה, ומשילות. D'après *Sanhédrin*, 38 b.
R. Méir aurait su 800 fables de loups.

79. Arouch de R. Nathau, s. v. פס, explique : il y a des gens qui, au temps calme, étendent, de sorte qu'il ne bouge point, un drap entre deux arbres, et se placent ensuite entre ceux-ci en regardant le secouement des branches, dont ils tirent certains indices. Haï Gaon prétend (*Resp.* édit. Mussophia, § 33 et la note de Buber) que R. Abraham de Kafze (proche de Kaïrouan) ait compris cela.

80. 15. מעשה מרכבה, la Théosophie, la voiture de Dieu, au propre, décrit Ez, cap. 1. **81.** 16. אלא כולהו נהירין ; II. אלא הוא נהיר : O. devant ces 3 mots וכקיאין ? **82.** 17. רבוואתא, pl. de רבא, grand, le grand maître. Dans le Talmud le pl. en est רבוותא (*Sanh.*, 102 b). Scherira écrit aussi (p. 21,7) ריבואתא, רבוותא : *Resp.*, édit. Mussaphia, § 89 רבוואתה.

83. Lisez avec H. דמחברי : 18. דמחבר. **84.** p. à la marge בשיתא נ' peut-être au lieu de ובשישתא, de שרתה ou שיתה, ordre, succession.

85. ומודו לתלמידיהו : II. **86.** 19. שרחי de מרדה, טירחא, importunité, peine, a dans le Talmud ainsi que dans le Midrasch la terminaison féminine. Scherira met ce mot au masc., comme il résulte de י et de l'adj. suivant אחריני.

87. Cf. *Thosephtha*, Chag., c. 2 מימיהם לא נחלקו אלא על הסמיכה et cela par rapport à la Mischna Chag., II, 12 où cette controverse se perpétuait de la première Paire de savants, pendant 5 générations, jusqu'à la dernière Paire. La Thosephtha Makhschirin, cap. 3 en fait une exception, où une controverse se présente entre Josué b. Perachya et les autres savants.

88. 21. ואזילו ; O. ואזיל. **89.** Cette ville faisait sensation surtout pendant la guerre de Bar-Cochéba (132-35) qui prit fin avec la ruine de cette ville. Pour sa situation cf. Schwarz, *Neueste Beschreibungen*, Jérusalem 5605, IIᵉ partie, 8ᵉ chap. Midr Cant. בית תר et בית תר comme quelques édit. de l'épître ; Talmud pal. souvent ביתתר. **90.** ואיתבדרו. Ithp. de בדר (syr. bdor, hébr. פזר, בזר), être dispersé, II. ואפליגו. **91.** שגושי, syn. de מהומה (syr. schgouschyo), tumulte, trouble. Le pl. emph. seulement Tharg. Am, III, 9. **92.** נפחה נשמתה, l'âme descendit, c.-à-d. il mourut ; ailleurs נפש נחה, l'âme se reposa. **93.** מנהון : (G. מן הנון ; d'autres מהנון.

94. 5,1. והוה נמי עדיין ; p. הוא איבא ; ועדיין ; עדיין veut visiblement appuyer que Dosé aurait déjà vécu au temps du Temple. Même si nous ne donnons pas notre assistement à ce que Dosa aurait vécu 400 ans (*Yebamoth*, 16 a), il n'en est pas moins vrai qu'il a atteint un âge très élevé, puisque R. Aqiba lui a rendu visite et R. Dosa dit à ce dernier אתה הוא עקיבא בן יוסף ששמו הולך מסוף העולם ועד סופו (*ibid.*); donc à cette époque R. Aqiba était déjà célèbre ! Cf. תשובת גאוני מזרח ומערב, § 140. **95.** D'après Eroubin, 13 b, cette dispute aurait duré trois ans.

96. 2. ראדהו ; O. ראודו. Une voix divine (בת קול) se serait fait entendre : Les thèses des deux écoles sont bien les paroles du Dieu vivant, mais dans la pratique cell   de Hillel seules seront sanctionnées. *Eroub.*, 13 b.

97. Excepté six cas décidés contre deux et trois d'après le parti Schammaïen ; מבוא התלמוד de Samuel ha-Naguid.

98. 3. שמתי ; V. שמתי : M. p. שמתה ; P. שמות, être banni. Talmud pal. (Raschi au Rabbath babyl., 130 b) pense : un disciple de Schammaï. Cependant,

R. Eliézer b. Hircanos était un disciple de R. Aqiba et appartenait, par conséquent, plutôt à l'école de Hillel qu'à celle de Schammaï; Graetz, *Geschichte*, t. IV, pp. 33 et 40; Weiss, דו״ר. t. II, p. 76. **99.** בההא דרא : II. זמן (באותו) בההא.

100. Après la révocation de R. Gamaliél, l'on éleva Elazar au Nassi *(Berakhoth, 29 a)* et les quatre Seqénim : R. Tarphon, R. José Hagalili, R. Elazar b. Azarya et R. Aqiba, font en commun au R. Ismaél la visite de condoléance *(Moéd Quatan, 28 b)*. **101.** Yochanan b. Beroqa va chez J. b, Nouri à Béth-Schearim *Thosephtha Theroumoth, c. 7)*. **102.** Cf. Bodek, *loc. cit.*, note 33. **103.** *Ibid.*, note 34.

104. לפניהם ne signifie pas ici : avant, mais : en même temps que les prénommés.

105. 5,7. והברים והי במקום : II. ונחיו הברים בישתם. Cette phrase est incompréhensible; Aqiba est nommé après Simon b. A. et Simon b. S., quoiqu'il était leur maître, Cf. Frankel, *Hodegetica*, p. 34.

106. בנציבין (syr. Nesebin) Nesibis où se trouvait la célèbre académie de R. Juda b. Bathéra. Cf. les deux *Thargh. palest.* Gen., X, 10 où l'hébr. אשר est traduit par נציבין : O. תעניבין קיים.

107. ואע״פ שהיה ר׳ יהודה בנציבין בוטל הזה עדיין חיה הזה בית אחר חרבן הבית שם. II. ואע״פ שהיה בפני הבית. **108.** זמן, au propre: un temps réputé; de là: époque importante. **109.** 10. שהיו אבודות; II. באלו אובדות.

110. 11. עידנא: d'autres זמן. **111.** 13. קדמיהון: d'autres הקדמיהון.

112. אתקים. Ittaph de קום, être posé, au propre. Dans le Talmud cette forme ne se présente pas; mais cf. *Thargoum Ex.*, XL, 17. **113.** אגוספי; P. אגוספא.

114. הדומאי: P. אנא; p. אנא. Des noms comme les deux derniers (אנא ou אנא בן יוסי) nous ne trouvons nulle part.

115. E. ajoute [ל״ח א] בברכות כראיתא. **116.** G. P. manque.

117. Pendant la révolte sous Adrien où l'on compte dix martyrs, parmi eux R. Aqiba qui, le 5 Thischri, fut jeté en cachot *(Halakhoth Guedoloth*, הל׳ תענית).

118. p. à la marge כל ישתי. **119.** 18. דאמר: d'autres ואמרו.

120. Ville près de Daroma. **121.** Ville en Judée fondée par Hérode le Grand et appelée d'après son père Antipator. Talmud אנטיפרס avec ס élidé devant ר.

122. 19. וגזרה: d'autres manque; Talmud וגזרה; cf. Gen. Rabba, c. 16.

123. P. p. V. ajoutent לזה זה בבה נחמו שלא (p. מפני) de même le Talmud; *Mid. Rabba, loc. cit.*, p, 111 (édit. Leipsick, 1864) שהרתה עיניה צרה אלו באלו.

124. 20. שבאי; p. V. שבא: Talmud שבא ר״ע; *Midr. loc. cit.*, ובסף העניד קפלו העניד (ר״ע). Cf. Frankel, *loc. cit.*, p. 154, note 4. **125.** וישאה: d'autres וישאו.

126. O, ר׳ יהודה. **127.** נמבו: O. ajoute אהו. **128.** ברם (syr. bram) vraiment. D'après Lévy (nh. WB.) ce mot serait subst. de בר l'extérieur, avec ם ajouté, comme hébr. הכם. קים. Yôma, 57 a ברי. **129.** אלולא. de אלי-אלא-לא.

130. מלכות הרשעה, ou comme ailleurs מלכות שאינה הוגנת, royaume sacrilège ou indigne, c.-à-d. le royaume romain; ici surtout pour l'ordonnance de persécution d'Adrien; cf. Graetz, *Geschichte*, t. IV, p. 160.

131. 6,3. וקרה בהתם: d'autres comme le Talmud ותהושין ... וקרי.

132. Talmud ajoute זמן כי י״כ ... **133.** Talmud ajoute ואלו הן.

184. 7. ואמרינן; II. ובמסקינן. 135. ינוק ne se trouve pas ailleurs, seulement
ינק, comme ci-devant 5,23, ou l'emph. ינוקא. דינוק הוה ne figure pas dans le
Talmud, ce n'est qu'une explication du Gaon.

136. קבלוה; II. קבלוהי tous deux ont des suff. 3e pers. sing. masc.

137. דרא; E. דהוה; II. הוי. 138. O. דיבמות; II. דהוראות ב'ג וי"ג.

139. 9. נהי abrégé de נהוי, niph. de הוי, être; de là : même en cas, si, aussi.

140. קמ"א, ceinture, ceinture d'honneur, portées par les princes perses et leurs
pages; de là : charge honorifique; cf. Arouch, s. v. קמר, qui termine par la phrase
זה פירוש רב שירא גאן. 141. 6,9. אהני, aph. de הני (syr. הנא), être utile,
servir à qc. 142. שויי; O. E. לשיריך; II. למהוי.

143. הוה; II. הוא ישחה. 144. 11. הוו נמי; II. נמי |p. נתן| איתי הוה:
ורבצו (והרביצו) תורה הרבה. 145. II. ajoute ווהם נמי היו .O.

146. Sous ce nom, פרת קדמאה. nous ne rencontrons nulle part ce Tannaï
Heilporn (*Séder ha-Doroth*, t. II) cite un Pedath aîné qui sera bien identique avec
celui-ci. 147. Ainsi toutes les éditions sauf M. 148. Manque dans quelques-
unes; E. גמליאל. 149. E. עקבא, 150. ובל ימי; II. ובימי.

151. לתלמוי תורה; II. בתורה. 152. 20. בני; P. p. עבדי.

153. O. ajoute והביוי. 154. Raschi et Arouch croient que les coqs de B.-B.
auraient été très adroits et ne toléraient point d'étrangers dans leur milieu. D'après
cela בוקיא serait dérivé de בקיא, expérimenté, instruit.

155. 24. אנדרוגינוס == gr., hermaphrodite. 156. ובד מלך; II. והוי בהדי רבי;
ותלמידים אחרים כגון; O. ajoute ר'. 157. בנוהי; II. בנידן. 158. 7,1. כד מלך
ותלמידי רבנן חכמים אהדים .II. 159. 2. בנו; II. (pas M.) בנוי.

160. Mieux d'après II. תליות בבתי המדרישות; 7,3 ... תליות בבל.

161. Lisez comme E. מפחרי; notre texte מאחרי.

162. A savoir, pendant la destruction du Temple et pendant les guerres.

163. 7,4. ישהיו להן; II. (P. שיולדו) שגולה. 164. 5. בניהן; E. O. בהן.

165. הלחלוקת. les disputes. Le Talmud emploie ordinairement pour cela, comme
G. מהלוקת. 166. שגולוי; II. ישהיו. 167. 7. יעל; d'autres כל בל et כל על.

168. מישמעות; II. ומשנאות; V. ומשנניות.

169. ולא דאוסיפו ... דמן אנשי; II. ולא אוסיפו על מישרא דקמאי מאנשי.

170. 10. ימי; E. ימיא; H. יומיא.

171. 8-11. אלא צידו טרחו נפישי ודקו דקדוק דרברבי עד דאסיקו מאי דהוו
אמרין הנך ראשונים ומאי חזו עבדין עד דאיפשיטו להון כל ספקן דאית נהו.
ולא הוה חד מן הראשונים דכתב מדעם עד סוף ימיו דרבינו הקדוש. וכן נמי לא הוו
אלא הבן (לבי) II. (P.; גרסי בלתי בפה אחד ולשון אחד אלא טעמיהו הוו ידעין להו
טרחו (שרחו) הני טרחו ורקדקו עד דאסיקו מאי טעמא דהוין אמרין הנך
ראשונים ... הנך ספיקא דלא הוה אית לראשונים טעהן מדעם ועד סף (סופיה)
יומיהן (יומיה) דרבי ליבא דכתב מדעם בל עיקר ולא נמי פה אחד ולשון אוד
הוו גרסי רבנן אלא טעמי הוה ידיע להון:

172. 15. מתני ;משנן .II ;שונה ... באי זה חבור שירצה באי זה דרך שירצה ;משנה ... איזה דרך שירצה ובאיזה דבור שירצה:

173. 16. והו אמרין ainsi H. O.; d'autres ואמרין.

174. אית, syr., hébr. יש. il y a. 175. כלילת; d'autres כלל; בללי.

176. 17. ואית דפרטין מרווחן ופשטין; II. ואית דרווחן ופשטין דמוי דמוי רושיי רושיי. 177. 18. קייט (‒‒ hébr. et ar. קטט), couper, découper. Nous ne rencontrons pas cette forme dans le Talmud. Kohut *(Aruch completum)* la dérive de קטא ? Nous la tenons pour paél de קוט ‒‒ קטט dont le pilpél (Sabbath pal., XII, 13) signifie : rendre petit, réduire ; II. קאיט, tous deux sont de parad. קול.

178. Pour que l'on croie que ces préceptes parviennent d'une majorité et qu'ils sont, par conséquent, inattaquables. 179. דהוא יחיד הוא; O. דההוא יחיד הוא.

180. על במה משגאית; E. פרישי. 181. 8,1. II. ajoute מפישין.

182. O. ajoute ורמיד. 183. 2. דוכת; II. מילי

184. ומדקדקן אחרי (אחורי) מתניתא; O. ומדקא דיקן; II. ומדקדקין במתניתא.

185. ומקמינן; II. ואפיי מוקמינן. 186. בחד תנא; II. ajoute אהרנא היאיל.

187. 4. משנאית ובולהו הלין (והויאן) בריאתא; II. מתנייתא בולהו מיקרין ברייתא.

188. 5. דבריישא; קמאי. 189. ת' עשר אלפין P.; תלת עשרי אנפי הויין, où le dernier mot provient de אנפי par confusion de ב avec ל. Cette phrase ne peut pas signifier 13,000 parce que הויין en manque et dans ce cas elle n'aurait aucun sens. Talmud le contracté אפא. 190. 6. רבי הוה גמיר תליסר אנפי הלבתא; Talmud כי הוה גמיר רבי תלת עשרי אפי הילבתא 191. שבע [מיניהו]; Talmud שבעה שמנין. 192. 7. ואיעקרו מיניה; II. אקרוי עליה; Talmud manque.

193. יש תא אולי; Talmud; ורגך שית אהריני אזהי להו.

194. 8. קצרא ‒‒ ar. et syr., foulon, celui qui raccourcit la robe en rasant les cheveux et par le rétrécissement, provoqué par le lavage. De celui-ci R. Chiyya apprenait וגמריתהו קמי; II. אגמור בן.

195. 12. דלא נפיש; II. (ודלמא) נפיק דלא; O. ajoute רוחא.

196. ואית פסידא; p. corrompu פסחא. 197. 13. מיסתם מעיין החכמה ונסתלקה; מסתתמן ... ומסתלק שי של תודה; II. תורה.

198. 16. ואהסנוהי. aph. d. הסן — syr. et hébr., au propre : mettre en possession, analogue à cette forme אישבעוהי Hal. Gued., édit. pr., 116 c. et אחזקוהי R.L.O.W., § 101 (cités dans Levias, *Aramaic Grammar*, § 67, note 4).

199. II. ajoute בחדי הורתו. 200. 18. ואיתימא Levy *(nh. WB.)*, t. I), con- considère ce mot composé de אית et ימא ‒‒ אמא, Krüger (dans *Gram. der bib. chald. Sprache und des Idioms des Talmud Bably*, Breslau 1873, p. 110 note) de א' ביית תימא. 201. ואלם. D'après Levy, *loc. cit.*, ce nom serait abrégé de Julus ou Julius (Jules); Talmud lit יולס; seulement Qidd. pal., I, 27 a אלם. D'après Heilpron *(loc. cit.)* l'on aurait vu sur un livre de Hillel l'inscription בר אלם.

202. II. והא הוה יהושע הוה אליעזר ובולת שמעתה.

203. 19. וישקטו; O. והו. 204. 10-20. ששם רחימותא דאיבא בין אנטונינוס ורבי; דאנטונינוס לדיליה לרילית; II. ואסירים ואסירים; F. רחמנתא; הוה שלמא בין ... O.

205. ‏ואסבים‎; O. ‏וסבר‎; E. ‏ואסבי‎. 206. ‏כי היכי דליגרסי רבנן‎; II. ‏ותורה שבעל‎;
‏ותורת‎. 207. ‏גרים‎; II. ‏ליגרים‎; plus loin ‏להון רבנן בלהון‎.
208. 9,1. ‏טעמי דברים‎; II. ‏טעמיי בדברים‎. 209. ‏דכתיבא‎; II. ‏דאיכתיבא‎.
210. ‏ידעי וגמרי טעמי‎; II. ‏טעמי דלקיטין להון‎. 211. 3. ‏בלשבת הגוית‎;
212. ‏בבית המקדיש‎. II. ‏ביד‎; II. ‏מיד‎.
213. 3-4. ‏ומשלתא ואית להון בלא עקתא ובלא פחדא‎; O. ‏ישולטנות‎;
214. 5. ‏תורה כהלכה‎; II. ‏דאורייתא בהלכה‎. ‏בלא פחד ולא עקאתא‎. II.
215. ‏חלוק‎: P. ‏חלוף‎. 216. 6. ‏בתחלה‎; Talmud ‏מתחלה‎.
217. 8. ‏בבל עיידות‎ (‏ישראל‎) (M. Talmud et II. ‏בערי יישראל‎; 218. E. ‏הלל‎.
219. ‏קא שקלי וטרו‎ (anal. hébr. ‏שקל‎, peser), prendre, recevoir (une question) et ‏טרא‎, ‏טרי‎, donner (la réponse); trop. discuter une thèse; II. ‏הוו שקלין וטרין‎.
220. 9,11. ‏דגורסין כולהון פה‎; II. ‏לטגרסינהו בפה‎.
221. 13. ‏איסתעייא‎, ithpa. de ‏סיע‎, ‏סוע‎ (ar. ‏ישאע‎), suivre quelqu'un, l'aider, de là: secours; fig., réussir. Partout ailleurs: ‏איסתייעא‎ (Moéd Qatau, 18 b; Choullin, 7 b). Analogue à cette forme, avec métathèse de la troisième lettre radicale d'un verbe ‏עו"י‎ se trouve dans ‏יהושי התנאים‎, 10 b: ‏דרית‎; cf. Levias, loc. cit., § 526 et p. 246.
222. ‏וביומי דרבי‎ [‏בנו של ר'ש'ב'ג‎] ‏איסתעייא מילתיה ותרצנהו וכתבינהו והוי‎. ‏ובימי ר'‎ (‏איסתייענא‎, p. ‏איסתיגא‎ P.) ‏מילתהון‎. II; ‏מילי דמתניתין כמשה מפי הגבורה‎. ‏דמילי דמתניתן וכתבינהו ותרצינהו‎ fait visiblement défaut. Dans II., l'attribut ‏דמילי דמתניתן כמפי הגבורה‎. Rabbi qu'a-t-il donc fait, pour rendre la Tradition ‏כמשה מפי הגבורה‎? Voy. sur ce sujet l'Introduction, p. XXXVI. 223. 15. ‏הבריגהו‎; II. ‏חברינון רבי‎.
224. ‏ליה קצת הגך‎ ... ‏דקמיה‎; II. ‏הגהו‎ ... ‏דלקטיה‎.
225. O. ajoute ‏דרבי יוחנן‎. 226. 16. ‏דמאי‎; O. ‏מאי‎; G. ‏דמאי‎.
227. O. G. ajoutent ‏רבי‎; p. ‏רבינו הקדוש‎ devant b. Zaccaï.
228. II. ajoute ‏בהדיא‎. 229. P. ‏רבן גמליאל‎. 230. 19. ‏ואיסתבר טעמיה‎;
231. 20. ‏תניא‎, ‏הניח‎ (M. ‏ותניא‎). II. ‏ואיסתברה ליה‎.
232. 21. ‏קא תנו‎; II. ‏דתנו‎. 233. ‏ולא מתנייה‎; E. ‏ולא שנייה‎.
234. Pour pouvoir transporter qc. le Sabbath. 235. 22. ‏רבי‎; Talmud ‏אבא‎. ‏ר'‎
236. 22-23. ‏איבא דמשאיל להו‎; Talmud II. ‏איבא איניש דלשאיל‎. ‏מי איבא דשיילי‎.
237. ‏דדייק לישנא‎; O. ‏בלישנא‎. ‏ר'‎
238. ‏מאבדין‎ de ‏אבר‎, être fort; ‏מעברין‎ de ‏עבר‎ (= hébr. bibl.; ar. abara), dehors, en dehors, de là: passer un endroit (avec qc. le Sabbat). Cette dernière forme peut dériver aussi de ‏ערב‎ (= hebr. bibl., ar. et syr.), mélanger.
239. ‏דאלמא‎, donc, par conséquent, mot qui s'est formé de ‏על מה‎. On rencontre dans le Talmud pal. ‏ועל מה תניא‎. 240. 10,1. ‏דתרציה‎; II. ‏ההוא דתרציה‎.
241. O. ‏תני איגהו דלכתוב הכי‎.
242. ‏ואע"ג דמאן‎; II. ‏ואמר מאן‎. 243. 3. ‏אמירא‎; II. ajoute ‏מילתא‎.
244. ‏קמי‎ (= hébr. ‏לפני‎), st. constr. d. ‏קמא‎, s'emploie ordinairement comme adverbe de lieu « devant »; ici c'est adv. de temps: « avant ».

245. Nous lisons ici מספקין, part. aph. de chal. פסק. séparer, fendre, (cf. Levy, nh. WB., IV); notre texte, l. 5, a מספקין; E. מספקא; G. P. תיפסק. Contre cet avis cf. Raschi, B. Mecia, 33 b, s. v. בימי רבי et 86 a, s. v. סף המשנה.

246. R. Méir et R. Nathan avaient l'intention de démontrer l'ignorance de R. Simon et de cette façon le dégrader de Nassiat. Toutefois, pour ne pas l'humilier, R. Jacob lui dicta le traité Ouqcin.

247. 6. קרישא; Talmud קרישי; Midr. r. Lev. קורישו.

248. כוותא (ar. בות, syr. כותא), ouverture, fenêtre; P. p. דוכתא; Talmud אחורי. 249. 7. גרם ותנא; O. גריסנא.

250. 8. מאי דקמן; II. מ' דקמא; E. אי איבא מאן דקא שאיל בעוקצין.

251. 9. זוגין, sonnettes, c.-à-d. l'airain dans lequel se trouve le battant; analogue hébr. bibl. זג, la pelure, par laquelle on entend l'extérieur de la baie et non son pépin. Cf. Mischna *Nazir*, VI, 1. — מתניא; O. ajoute מתני'. 252. II. ותנא רבי.

253. 10. בהווה, de ce qui se présente ordinairement. הווה de היה, הוה, הוי — hébr. bibl., être. 254. Parce que dans la Mischna postérieure, par suite des conjonctures variées, la Halakha fut établie différemment qu'auparavant.

255. דאיתניה; O. דאיתוקמא; E. דאיתי. 256. דאיתוקם; II. דאקמוהי.

257. De « Edouyyoth » jusqu'ici manque dans II.

258. Conformément à des propos équivoques, Elazar aurait été à ce moment octogénaire. Sa descendance de noblesse —— il se prétendait comme 10me généra-tion d'Esra le Scribe —— était la cause de sa nomination.

259. 14. דאיתנו; II. מדאתני. 260. 15. הס ושלום, à Dieu ne plaise!, au propre: miséricorde et paix, c.-à-d. que cette expression injurieuse puisse être pardonnée. Cette locution familière se présente pour la première fois dans cette Mischna. Pour les détails cf. Levy, *nh. WB.*, II.

261. 16-17. מסבאתא אחרות; מסביתא אחרנייתא.

262. דתניה בלישון זה; II. ... זה ואית מ'ניהו דהוה תני להו בלישון הראשון manque dans V. 263. 18. דהוה תני להו; II. דתניה.

264. 19. מתני ר' מאיר ולא אמרן; E. המשנה כדים ולאו משום דאמרן V. ודאי לא ר' מאיר אמרו; G. מתני' ודאי דר' מאיר היא ולאו דר' מאיר אמרו.

265. 20. דגמריה דרי מאיד; II. plus correct מר' מאי'.

266. 21. אהו דרך הגמרא שלו מר' עקיבא רבו; אורחא; H. גירסא. 267. מר' עקיבא אהו אותה הדרך II. 268. 22. קבלה; E. קבלה.

269. ספרא, au propre, le livre, tel était à l'origine le nom du 3e livre de Moïse. Ici l'on entend par là le Midrasch halach. à ce livre.

270. ספרי, au propre, les livres, ce sont les deux Midraschim, dont l'un au 4e et l'autre au 5e livre de Moïse. Cf. à ce sujet, ainsi que sur Siphra, Frankel, *Hodeg.tica*, p. 307, etc.; Weiss, *Zur Geschichte*, II, p. 225, etc.

271. 11.2. אילין (= syr; hébr. אלה), ne se présente au Talmud que dans le style notarial (B. Mecia, 15 a), qui diffère de l'idiome talmud. babyl. ordinaire; E. אילין. Cet adj. dém. est rendu dans le Talmud (dans les traités Nedarim et Nazir, qui présentent les particularités caractéristiques du dialecte palest. ainsi qu'une

fois dans B. Mecia, 90 a, dernière ligne, où il s'agit d'une question de droit qui fut posée par des Palestiniens) par הלין (= syr.), Cf. Luzzatto, *Grammatik*, p. 71; II. a le pron. pers. אינון. Cette forme tharg. se trouve aussi dans Nazir, 57 b.

272. 3. בל הד; O. ajoute והד. 273. 6. היטיבי manque dans E.

274. II. incorrect והני בריאתא דתנו רבנן ולקטינן מאי טעמא דתלמידי דר׳ עקיבא אינון וקא אמרינן וכולהו אליבא דר׳ עקיבא אבל בריאתא אחריניתא לא איכפת לן בהו דמובחרין דרבנן וסתמיהון אינון תלמידי ר׳ עקיבא.

275. ובך; G. P. ובד; V. ובן. 276. 7. ישמו; II. ישתי.

277. שתרמתי; II. שמרותי תיומות. 278. 9. Manque dans O.

279. II. רבותינו. 280. 10. וחכמיו: P. ודוישיו. 281. ונם ר׳: II.

282. מסוף העולם ועד סופו; 283. 11. קאמר ליה; II. אמר לו לר׳ עקיבא

284. II. ajoute והכם שבכל תלמידיו. 285. Manque dans E. בכל העולם II.

286. 15. ונקט; II. le syn. ולקט. 287. 16. והיא הות; II. דהאי.

288. 17. קצרה; II. דקצרה. Cette forme serait mieux sans [ ].

289. 18. מבל התנאין: manque dans E; II. מדכולהו רבנן תנאי אחריני; M. מפקע. מדכולה תנאי V. 290. 19. מסקא לטעמא; II. ... מסקה.

291. 20. מעיתא; P. corrompu מעמיתא.

292. ובכלל; V. ובכל מילה; II. ובכלל מלה ומלה.

293. 11,22. ודיני; II. ובתרפי de תורף, תורפא (voy. p. 12,3) — contraire au טופס —, au propre, l'essentiel d'un document, de là: doctrine fondamentale; G. ובתדרין. 294. 12,1. רחב לב = hébr. bibl. Ps. 119,32, au propre, ouvrir le cœur (à la science), de là: être prudent, savant. Autrement, cette expression signifie: être orgueilleux. 295. תריצתהון de chald. תריצתא (= syr.), rectitude; ici il signifie l'arrangement et la collection de la matière d'enseignement.

296. שפיא (= syr.), bon, beau, correct.

297. דהות; P. ajoute דומה. 298. 3. תורפי; G. תירוצי; M. תורי.

299. איתא רבנן שמע דהנך רבואתה; II. מרבנן דשבע מרב׳זהא.

300. 4. או איבא דישמעינן או שמיע; II. אי איבא איניש דישמע להון מיטעא טעי; E. צורתא. 301. 7. O. ajoute ושבחת. 302. שופרא; E. להון אתו למטעא.

303. II. אילן טעמי et וטעמיה.

304. 8. דמלות; E. וזוקי דמילי; G. ודוקא דמילתא.

305. תנאני et תיגני; E. תניגי; M. G. תונא תנא תינאני; תנוי דהוו תנו sont pl. de הינא = מתניתא pour quelle forme éd. B. 44,10, a מתנא. (Levias, § 806, note 10). 306. דילנא והנך כולי; II. כולהו.

307. 9. דמעיינין (בהאי P.) להו מאן דשמיע להו; II. ומאן דמעיין בהו. 308. 10. בתבונה; O. באמונה: E. ל׳ צוזזי; ליסני דוזהי. 309. 11.

310. 11-15. איניש דאפליג בהון. על הדין אורהא תרצינהו ר׳ לשתא סידרי משנה ולאו דשבקה קמאי רובא לבתראי אלא קמאי לא הוו צריכי לחיבורי ומילי דמגרסן על פה אינון וכל הד והד מרבנן ידעי להו בקבלה ולא הוו צריכי להיבורינהו

ולמיכתבינהו עד דחרב בית המקדש וקמו תלמידיהן דהנך רבנן קמאי דלא הוו
ידעי כוותהון והוו צריכין להבורי:

II. אדם דאפליג בהון על הדא תרצה רבי לכל המשנה לאו דשביקו קמאי דובה
לבתראי אלא לא הוו צריכין לחיבורי מילי דגרסי (דמיגרסן) (P. פה אחד עד
דחרב בית המקרש ותלמידהון דלא הוו כותהון מטמטהון הוו אמרין. Il n'est pas
difficile de conclure de cette variante, combien l'éditeur de II. s'efforçait d'altérer
le Responsum et d'écarter toute expression de l'écriture, et combien cela lui a peu
réussi. **311.** 16. ריש ; O. II. ראש. **312.** Si au jour des Expiations, le bouc,
qui doit être envoyé (*Lev.*, XVI, 10, ou son expéditeur est malade, il est permis,
malgré la défense de transport le Sabbath, dans le premier cas de le porter sur
l'épaule ou dans le second cas de l'envoyer par un tiers.

313. פליני, un certain, c.-à-d. s'il participera à l'autre monde ; cf. les com-
mentaires à ce passage du Talmud.

. Allusion à l'action du prophète Nathan contre le péché de David et à
l'exemple de la petite brebis du pauvre (II. Samuél, cap. XII).

315. Par rapport à l'héritage. **316.** Si après la destruction du Temple l'on
peut blanchir sa maison, à cause du deuil.

317. Pourquoi, pour les adorateurs du veau d'or, il existait trois différentes
peines et pourquoi tous ne subissaient pas la même.

318. 18. ותניא לא ; II. הכין תניא ולא. **319.** 19. ולהבי איצטריך רבי לחברי
ודאצטריך רבי למאי דפריישנא ; II. ולתדוצי שיתא סדרי משנה.

320. דאיתכהי ; II. שני דורות. **321.** 21. תרצה למישנתינו ; II. ת־צינהו למתניתין.

322. Manque dans E. **323.** 13,6. בבא (ar. baboun) syn. de גבב creuser, au
propre, porte ; fig. pour la désignation des trois premiers traités du Séder Neziqin,
la première (ב' קמא), celle du milieu (ב' מציעא) et la dernière Baba (ב' בתרא).

324. 8. II. בפורים ; O. sur la marge פורים.

325. בי רבנן, l'école des Rabbins, académie ב' (syr.) = בית. Cf. Meguilla 28 b
où cette expression est définie par ביתא דרבנן. **326.** 10. שיש להקדים מס' שבת תהלה ;
nous lisons ici דאקדים שבת ועדיובין ; II. דאקדים שבת לעירובין.

327. 12. הואיל ואיתיה ראשון ; II. פסחים שהוא ראש.

328. 13. מעיניו ; II. מעינון = מעניגהון, terminaison caractéristique aux traités
Nedarim et Nazir, mais se trouvant aussi dans d'autres, comme, p. ex., Eroubin,
31 a : בויחון, Meguilla, 11 a : רישהון. Cf. Levias, §§ 107 et 1901, note 6.

329. זמן זדיעה וזמן רביעה ; transposé dans E. רביעה vient de רבע, se coucher,
s'étendre = hébr. רבין, ברך, *Gn.*, 24,11 ; fig. s'accoupler, accouplement.

330. בישום. Ce mot moderne signifie ordinairement : quelconque, quelque et
presque toujours avec une négation לא, אין, les locutions fam. en sont
בשום מקום ... אין ou לא, nulle part, לא ... שום דבר rien = hébr. מאומה, aram.
מדעם, Cf. Raschi, *Gn.*, XI, 4 ; XVIII, 14 et passim.

331. Voy. les variantes chez Neubauer, p. 13, 13-21. **332.** *Id.* **333.** *Id.*
334. *Id.* **335.** *Id.* **336.** *Id.*, p. 14,1-2. **337.** C.-à-d. les Aaronides pouvaient
assister exceptionnellement aux obsèques de Rabbi. Cf. Thosaphoth là même et

Berakhoth pal., chap. 3 ; cf. la variante dans le Talmud.　**338.** א' ב' אימא איפוך
littéralement : si tu veux, je dis, je le transpose, c.-à-d. lis à l'envers : Rabbi voyait
la tombe de R. Chiyya, etc. Les deux premiers mots sont généralement écrits en
un seul ; Il. a pour le troisième תימא. **339.** Voy. Neubauer, p. 14,6-7.

340. שיבבותא (syr. שבבותא) voisinage. **341-43.** Voy. Neubauer.

344. Manque dans le Talmud. **345-57.** Voy. Neubauer.

358. איסקריא Vergue. Talmud B. Bathra, 73 a, définit le mot hébr. תרן
(Ez. XXVII, 5) par איסקריא ; G. V. בעיבורא בקרסא ; P. p. באסקרתא.

359-61. Voy. Neubauer.

362. 22. סב (= syr), vieillard. Thosaphoth, Choullin, 6 a, v. אישכחה, citent
l'avis que partout où figure ההוא סבא, on entend le Prophète Élie, ce qui est
cependant réfuté par Sabb., 34 a. Cf. Responsa, édit. Harkavy, no 23.

363-65. Voy. Neubauer.

366. Il. ajoute דברא, l'externe, c.-à-d. ce qui n'est pas admis dans le Canon
de la Mischna : la Baraïtha. **367-71,** Voy. Neubauer.

372. 13. תיבותא (syr. תיבותא) de תוב, hébr. שוב, retourner, revenir ; de là :
refus, réfutation. **373-79.** Voy. Neubauer.

380. Par conséquent, la déclaration de Samuel ha-Naguid, comme quoi la
Thosephtha est mentionnée par תאנא, est fausse. Weiss *(Zur Geschichte.* t. II,
p. 213) est d'avis qu'il y a aussi des Baraïthoth qui ne proviennent pas de
R. Chiyya et R. Oschaya et qui sont également mentionnées par תנו רבנן. Comp.
Frankel *(Hodegetica,* p. 311) : ספר בריתות, no 74, dit à tort : כל תנו רבנן או
תניא ממנה אתה למד שהוא בתורת כהנים:

381. 21. אהרוני, pl. de אהרינא ; il serait mieux אהרניתא, car Baraïtha est du
genre féminin ; Il. אהדות : P. רבים. **382.** ונרסי ; Il. הני.

383. 22. דהוו תנו manque dans E. et O.

384. ואישיאן ; Talmud Ber., 14 a, אישאן ; E. בר אישיאן.

385-86. Voy. Neubauer.

387. 23. במתניתין signifie : « dans la Mischna », ce qui cependant n'est pas
correct ici, vu que Lévi n'a composé que des Baraïthoth. Nous lisons conséquemment במתניתיה, comme dans la ligne suivante, ce qui est l'expression talm.
ordinaire pour le post-talmudique ברייתא. **388-90.** Voy. Neubauer.

391. ישרביא ; E. מישרביא. Ces deux noms ne se présentent pas dans le Talmud.
Qidd., 76 b ריש בר וידרא (peut-être résultent-ils de l'abréviation de ce nom) ;
B. Bathra, 52 b היישעיא. R. Jesaja Pik dit là même (dans עין משפט) que Ascher
b. Jechiël (Rosch) et Scheélthoth aient lú ישרביא. Cf. *Thosaphoth B. Bathra,*
53 a, v. נעל. **392.** Cf. *Sanhédrin,* 17 b : par l'expression : « les disciples devant
les savants, » on désigne Lévy, qui était le disciple de Rabbi. Voy., par contre,
Thosaphoth Meïla., 9 b, v. תלמידין. **393.** Voy. Neubauer.

394. Cf. Neubauer, Talm. et Ayin Jacob. La vraie leçon serait bien celle de
Scherira que nous rencontrons dans *Yalqout Qedosshim,* 611.

395. 5. מישיאן מישוות (de נשא) === hébr. bibl. משאת העשן la montée de
la fumée » ; cf. aussi l'explication du Talmud *Rosch ha-Schana,* 22 b.

396-101. Voy. Neubauer.

402. Dans la traduction nous avons suivi le Talmud. Pour les variantes, cf. Neubauer, p. 16-16-17. **403.** 18-20 a le texte de H. et de quelques de H., que nous biffons comme n'ayant pu être originaire de Scherira.

404-05. Voy. Neubaner. **406.** Talmud ישמאל.

407-13. Voy. Neubauer.

414. Jeu de mots s'appliquant au vers cité. **415.** 18. קרי; H. וקרי.

416. Allusion à la bénédiction de Moïse à Joseph. *Deut.,* XXXIII, 17.

417-21. Voy. Neubauer.

422. 13. מהנפקינן part. haphél de נפק, sans syncope des נ et ה, analogue à l'hébr. להנתיך, *Ez.,* XXII, 20. Cette rare conjugaison, sans syncope du ה, se trouve aussi dans le Talm., p. ex. *B. Qamma,* 112 b : מהמנינן. Le mot מהנפקינן est employé fréquemment par les Gueonim, comme à la ligne suivante notre texte et תשובות, édit. Cassel, § 91 et édit. Harkavy, § 1. Du reste, notre mot pourrait bien être dén. de הנפק; E. מאן פקינן; O. מאי נפקא.

423. 14. מהנפקינן; O. מאי נפקינן. **424.** Nous lisons ici, comme H.. לדיניה; notre texte מסברא: ליה מגמרא. **425.** 16. כההיא; H. וכי הא'.

426. Noms plus ancien du traité Zebachim, contrairement à celui du traité Choullin qui s'appelle ישחיטת הולין. **427.** 17. פגע ביה; H. אשכהיה.

428. ארקפתא. vice-roi. Ce mot est probablement l'arabe Kabdoun avec l'article אל (changé en אר), au propre, prehensio, potestas. Talmud et E. אלקפתא; on l'écrit aussi אלקפטא, אי־בטא et ארקפטא (Levy, *loc. cit.);* cf. les chald. פתשגר H. *Tharg. Ether,* X, 3 et רופיל *Tharg. Rut.,* I, 2; H. ארקפטא.

429. נקט (נקימנן P.) ביד ריוח H.; נקטן ביד ריחא.

430. Proverbe appliqué à R. Isaac qui s'est attaché à R. Schéscheth, le juge et compagnon de l'Exilarque. **431.** 20. Voir les variantes chez Neubauer et dans le Talmud. **432-41.** *Id.*

442. 6. טרייתהן ותגייתהן de טרי (= syr.), mouvoir, remuer; trop. disputer, de là : טריא, dispute, pl. טרייתא. Cf. *Tharg. Jon. Deut.,* XI, 6 ; H. והפכתהון טריאתהון.

443-46. Voy. Neubauer.

447. והאן; E. הך. **448.** (ודזוד מיניה). Cette expression, employée exclusivement par les Gueonim, dériverait de זוד (ar. zada), augmenter, accroître et signifie partout, comme ici: plusieurs ou semblable. Cf. *Responsa,* édit. Harkavy, § 208.

449. 11. נסחי. leçons, variantes, copies; ce mot moderne dérive de נסח (נסע), arracher, enlever. Cf. Levy, *loc. cit.,* t. II, p. 405, et Gesenius, *WB.,* s. v.

450. 12. א' קושטא; H. בקושטא; p. corrigé א' קושטא **451.** Voy. Neubauer.

452. 13. קטועות de קטע (hébr. קצץ), couper, abréger; H. קטבות.

453. Cf. Zunz, *G. V.,* p. 110 ; Weiss, *Zur Geschichte,* t. II, pp. 217 et 222.

454. 15. דישאלתן; O. ושישאלתם. **455.** הוה; manque dans E. et O.

456. 16. דהזוה א'ת: l. דאית. **457.** כדאמרינן: E. דאמרי; O. דתנן; H. ajoute לעניין.

458. 19. ישגרסתם: O. שלישון גרסתם. **459.** H. incompréhensible, cf. Neubauer.

460-64. Voy. Neubauer. **465.** Le premier qui a fait usage de cette règle שורים est R. Aqiba (cf. Weiss, *loc. cit.,* II, p. 103, note 1). Elle paraît avoir appartenue aux règles herméneutiques (cf. B. Bathra, 19 b) et a en tout cas du rapport avec les 31e et 32e règles de R. Eliézer ben José ha-Galili.

466. 1e et 2e des 32 Middoth de R. Eliézer.

467. 22. משמעות דורשין ; E. ודורשין ; Yôma pal., V, 43 משמעות.

468. Cf. *Siphré*, 131e chap. (Num., 25,2) כל פרשה שהיא סמיכה לחברתה למדה הימנה. Comme il résulte de Yebamoth, 4 a et Ber., 10 a, cette règle n'a pas trouvé l'approbation générale comme les 32 de R. Eliézer. Elle fut spécialement usitée par Elazar b. Azarya et R. Aqiba. (Strack, *Einleitung*, p. 103).

469. Cette règle provient de R. Aqiba. Cf. *Thorath Cohanim*, Section Mezora, chap. 5 et souvent dans le Talmud. **470.** E. ajoute 'ע.

471. Cf. *B. Bathra*, 111 b. Cette règle paraît venir de סירוס המקרא.

472. Cf. Weiss, *loc. cit.*, II, p. 176. Nous avons traduit יש אם d'après Zunz, *G. V.*, p. 325, qui explique אם comme אמות du livre Yezira.

473. 19,1. לישון עגה Raschi (*Sanhédrin*, 101 b) définit cette expression בלעגי שפה (*Is.*, XXVIII, 11). Scherira veut certainement désigner par cela une des Middoth. אגה = עגה (Levy, *WB.*, t. 1, p. 17) épeler. Par conséquent cela serait à peu près גמטריא valeur numérique des lettres, donc = 29e règle de R. Eliézer. **474.** Cf. *Sota*, 38 a et passim, où cela est la formule usuelle pour גזירה שוה, et nous ne comprenons pas pourquoi Scherira cite les deux.

475. Voy. les variantes chez Neubauer, p. 19₁₋₂. **476.** *Id.*, 4-5.

477. 7. הילכתאתהן, pl. de הילכתא. Le pl. de ce mot est d'ordinaire הילכתא et הלכאתא. Une telle formation du pl. comme Scherira la donne ici, se trouve Béça, 33 b et Schebouoth, 43 b : קתתא et קתאתא, pl. de קתא; אורתתא d. *Hal. Guedol.*, 140. **478.** 10. Cf. Neubauer. **479.** *Id.*

480. Le Gaon comprend par תלמוד la Guemara, ce qui, comme déjà prouvé (note 23), n'est pas absolument nécessaire, puisque ce mot signifie uniquement «doctrine» tant orale qu'écrite. Comp. l'expression employée fréquemment תלמוד לומר = la doctrine (bibl.) dit. **481.** Voy. Neubauer. **482.** *Id.*

483. 20. מתנייתא signifie ordinairement « Baraïtha. » Ce mot peut cependant être également le pl. de מתניתא, qui est employé aussi pour Mischna. Cf. Levias, *Grammar*, § 992 ; Talmud plus correct מתניתן.

484. 23. ישגגות ; II. שגגות ישאפילו. **485.** Manque dans E.

486. 20,3. Somlisteron, vase dont l'un élément principal était une louche pour puiser le bouillon, et l'autre une fourchette servant à enlever la viande. Cf. *Mischna Kélim*, XIII, 2 ; XXV, 3. **487.** Voy. Neubauer, p. 204-5. **488-94.** *Id.*

495. Cf. Neubauer, 18. **496-98.** *Id.*

499. שכיב מרע, de שכב, être coucher et מרע (= syr.; ar. marida), être malade.

500. H. אמרין. **501.** 24. Manque dans O.

502. Voy. Neubauer, p. 24. **503-04.** *Id.* **505.** 3. דתגן החליצה, de חליץ = hébr., ôter le soulier, de là : donner la Chaliça, c.-à-d. la veuve déchausse le frère de son mari mort, qui refuse de l'épouser malgré la prescription de la loi, et elle devient libre ainsi d'épouser qui elle veut. *Dt.*, XXV, 9 et suiv ; II. החליצה.

506. מיאן de מיאן, pi. de מאן = hébr., refuser; de là : refus. Au cas où une fille mineure, âgée de 6-12 ans, devenue orpheline par suite de la mort de son père ou avant qu'elle ait des signes de puberté, mais possédant toutefois une certaine intelligence, était mariée par sa mère ou ses frères ou même par son père qui n'y avait point le droit, s'il l'avait déjà mariée antérieurement, ce qui lui donnait son indépendance, et qu'elle fut divorcée ou devenue veuve, dans ces deux cas cette fille est autorisé à dissoudre ce mariage — qui n'a qu'une validité rabbinique — par une simple déclaration de refus מיאן sans avoir recours à une séparation officielle בנ. **507.** Voy. Neubauer, p. 215. **508-13.** *Id.*

514. 13. אימורי pl. de אמורא, Amora, nom des docteurs qui ont rédigé les principes traditionnels (מימרות) des Thanaïm dans la Guemara et achevé celle-ci. Le pl. ordinaire en est אמוראי; Talmud pal. אמורין. **515.** Voy. Neubauer. 15.

516. המכונסין; E. המכוני; II. H. המכונס.

517. קרפף, un lieu entouré de pousses ou de buissons (gr. karphos).

518. 18. משבשת; E. משבשא; H. ישבישתא. **519.** למיסם. inf. qal de סמם, sommer (cf., par contre, Levias, p. 246); II. למסמא de סמא; d'autres למסמי. Cf. *Berakhoth*, 42 a סמ ימי et *Berakhoth* pal., IX, 12 d et passim סמא דכולה מישתוקא « le silence est d'or. » **520.** Voy. Neubauer. **521-23.** *Id.*, p. 22 a. **524-26.** *Id.*

527. Ainsi le Talmud ; notre texte אפי׳ זרים אבל גוים לא.

528. Voy. Neubauer. **529-35.** *Id.* **536.** *Id.*, p. 22,14. **537-39.** *Id.* **540.** *Id.*, 17-18. **541-43.** *Id.* **544.** *Id.*, 21. **545.** *Id.* **546.** 23. נהירנא ; Talmud דבירנא. **547.** אהורי ; manque dans E.

548. 23,1. ובכמי = ובכמיה, Le ה veut accentuer ici la prononciation avec *céré* (Levias, p. 240). **549.** Voy. Neubauer, p. 23,1-4. **550.** *Id.*

551. E. ר׳ שמעון בן אלעזר faux, parce que celui-ci était Thanna. Ici on veut nommer b. Pedath. **552.** 8. סלקין ונחתין, c.-à-d. ils allaient à (סלק) et retournaient (נחת) de Palestine. Cette expression n'est employée que par rapport à Palestine. **553.** E. ajoute ורי׳ יוחנן. **554.** H. פאא. **555.** 13. וסתדרין devrait être וסהדרין ; on a probablement confondu ici le ה avec ס.

556. 14. מהדד ; d'autres מסדד. **557.** Voy. Neubauer, 15-16. **558.** *Id.*

559. לתלמידיה = לתלמידה.

560. 17. Voy. Neubauer, 17. **561-64.** *id.* **565.** *id.*, 19-20. **566-68.** *id.*

569. עירוב. Nomen act. de ערב = hébr. (ar, araba) mélanger ; de là : mélange idéal, dont il y en a trois qui rendent possible d'éluder les prescriptions fort incommodes par rapport à Sabbat : 1°) עירוב התחומין, « communication idéale des limites », pour pouvoir aller le Sabbat au-delà de 2000 aunes en dehors de la résidence ; 2°) עירוב חצרות, « communication idéale de cours », afin de pouvoir transporter quelque chose d'une maison à l'autre ; 3°) עירוב תבשילין, « mélange idéal par de mets cuits », pour pouvoir cuisiner pour le Sabbat, un jour de fête qui coïncide avec le vendredi. A tous ces Eroubin on emploie des mets qui s'appellent aussi עירוב. **570.** E. ורי׳ יוחנן. **571.** 25. ישר, de אשר = hébr., être ferme, fort ; ordinairement composé avec כח ce qui est à compléter ici et signifie : avoir grâce. Cf. *Prov.*, IV, 25. **572.** 24,1, אתהן ; Talmud אימהי.

573. Cf. la variante dans le Talmud. **574.** 1-2, Cf. Neubauer. **575.** *id.*

576. Nous lisons ici, comme O., בבידרה, de בזר (= hébr. פזר) répandre, de là : semences, semailles ; notre texte בברוא ; p. V. בבודה.

577. Notre texte ajoute בגון אמר פלוגי, ce qui manque dans E. avec raison.

578. C'est la bénédiction à la fin du Sabbat ou du jour de fête.

579. 11. שירותיה hébr., au propre : puissance ; fig. impérieux ; Talmud שרותיה. **580.** 12. רבנתיה : Talmud רברבנותיה. Cf. *Tharg.*, *Ps.*, XII, 4 ולישנא דבולילא יברבנתא · la langue qui parle fanfaronade ·

581. Voy. les variantes chez Neubauer et dans le Talmud.

582. 14. שבישתה, pi. de שבש, au propre, confusion, erreur.

583. C.-à-d. Benjamin est une trop minime autorité pour que l'on puisse l'opposer à R. Chiyya. 584. 16. דבי אמר; O 'ר. 585. 17. מוגרמתא, part. hoph. de גרם === hébr. (ar. djarama), couper, au propre, écarté, c.-à-d. un animal abattu au-dessus de la gorge. 586. C'est pourquoi il est possible qu'il tient les thèses d'autres pour celles de R. Samuel. 587. 19. איקפד, itph. de קפד === syr., être raccourci, rétréci, de là : tressaillir, être de mauvaise humeur.

588. 21. Cf. Neubauer. 589. id. 590 23. כד, au propre, comme il est, de היא + ד + כ. 591 Cf. Neubauer. 592-94 id., p. 25,1. 595. id. 596. id., 11. 597. id. 598. 12. לאתגדרי itph. de גדר === hébr. גזר, couper; trop., être réservé, se distinguer. Arouch considère ce mot === התגדל avec changement des liquides; II. להתגדר. 599. Cf Neubauer. 600-01. id.

602. 14. II. 'ארבעה מ : *Chaguiga,* 15 b 'תלת מ.

603. מגדל הפירח באויר. Raschi lit en se rapportant à la Misna Ohol., 4,1, מגדל העומד באויר, c.-à-d. une tour qui est ouverte du côté d'une place libre (p. ex. vers une cour séparée de la maison). D'après une autre explication traditionnelle de l'Arouch et de Raschi, מגדל signifierait la ligne supérieure du Lamed

604. Voy. Neubauer, 14-15 et *Talmud.* 605. id.

606. Voy. Mischna *Tahararoth,* II, 1. 607. C.-à-d. l'explication de cette Mischna m'occasionne tout autant de difficultés qu'il était, dans le temps, difficile aux docteurs Rab et Samuèl d'expliquer le Talmud tout entier *(Rasch.)*.

608. Ainsi Talmud בעוקצן. 609. D'après Thosaphoth, *Ber.,* 20 a, il n'y a pas lieu de prendre à la rigueur le chiffre 13 vu qu'il est employé chaque fois qu'on veut citer un nombre vague. Dans tous les cas, ici, il n'est montionné que comme exagération. 610. Comme signe de jeûne et de mortification.

611 18. ואלו אנן; E. ואנן. 612. Voy. Neubauer, 19 et Talmud *Ber.,* 20 a.

613. 21. ירחינאי, Astronome. Fürst croit que ce mot désigne le nom d'un lieu. Cf. Jost, *Geschichte,* t. II, p. 136, note 3.

614. Au sujet du livre d'Adam comp. *Responsa,* édit. Harkavy, § 219.

615. Voy. Neubauer. 616. 23 רבואתא. pl. de רבא, רבה, grand homme, docteur. Dans le Talmud le plur. en est רבוותא. La première formation se présente très souvent chez les Gueouim. Cf. *Responsa,* édit Harkavy, § 439 et passim.

617. Voy. Neubauer 618-20. id. 621. Talmud מבי היואה. Cf. Graetz, *Geschichte,* t. IV, note 38. 622. Manque dans H. 623: O. partout דנוב.

624. Manque dans le Talmud. 625. 26,3. תני; p. תרגמה : manque dans le Talmud. 626. Voy. Neubauer, p. 26,4. 627. id.

628. Cf. Graetz, *loc. cit.,* V, note 2. 629. Voy. Neubauer. 630 42. id.

643. Voy. Levy, *uh. WB.,* IV et שערי תשובה, § 71.

644. Manque dans E. 645. 21 ולאו הבא : O. והבא; II. ולא תימא הבא.

646. 22. תיתי לי, au propre : qu'il m'arrive (du bien, de la bénédiction) que... c.-à-dire que cette bonne œuvre me profite. 647. Voy. Neubauer, 23-24. 648-49. id. 650. id., p. 27,1, גליתא. Ordinairement le pl. est גליות (de גלות === hébr.) ou גלוותא (de גלותא). Cf. Levias, § 854.

651-52. Cf. Neubauer. 653. Gamaliél, maître de l'apôtre Paul, fut le premier
qui portait le titre רבן. Cf. Frankel, *Hod.*, p. 58.

654. 6. דאיקטיל; p. דאיתקטיל. Cf. *Aboth de Rabbi Nathan*, chap. 38 ; par
contre, *Monatsschrift*, 1re année, p. 315. 655. II. H. ajoutent הנא, ce qui est
faux, étant donné que R. Ismaél ne pouvait être tué à cette époque. Il dit lui-
même, B. Bathra, 66 b מיום שחרב בית המקדש ... ומיום שפשטה מלכות שגזרה
עלינו גזירה ... 656. Si Samuel lui-même, ou seulement son père, était Grand-
prêtre, comp. Frankel, *loc. cit.*, p. 106, note 9.

657. Par (הרוגי מלכות ישנהרג. II.) דאיקטיל בהרוגי מלכות on entend la révo-
lution sous Adrien. Graetz *(Geschichte*, IV, p. 162), prétend que par là l'on n'a
pas pu désigner le Patriarque Simon b. Gamaliél. 658-62. Voy. Neubauer, 9.

663. Ab-béth-Din = vice-président du Sanhédrin. 664-69. Voy. Neubauer.

670. L'ancien Diocésarée. A l'étym. de ce mot, voy. *Meguilla*, 6 a.

671. Au nord-est de Sephoris, actuellement Touran *(Graetz*, IV, 196).

672. L'Exilarque Houna est nulle part ailleurs appelé le premier, mais bien
ריש גלותא ou, comme Kilayim pal., 9, בבלאה. Graetz, *loc. cit.*, note 1, croit,
II. fût seulement parenté à l'Exilarque. 673. 18. וביומי דר' הוה; II. וביומיה.

674. Graetz, *loc. cit.*, p. 256, note 1, remarque avec raison qu'ici Rabbi ne
peut signifier que R. Juda II. Scherira dit plus loin : וביומיה דרבי נח נפשיה |דרב
הונא בבבל|, tandis que Houna mourut environ 50 ans plus tard que R. Juda I.

675. Par rapport au Lev., IV, 22 et suiv., d'après lequel le Nassi, après une
faute commise, devait faire une offrande d'un bouc, Rabbi demanda si son Nassiat
était considéré comme tel pendant l'existence du Temple, ce qui l'obligeait, le cas
échéant, à faire une offrande.

676. 19. צרתך = צורתך de צורה = hébr., au propre, forme, façon.

677-78. Voy. Neubauer, 20. 679. Afin de faire ressortir l'importance des
Babyloniens, Scherira donne ici un tout autre sens à ce passage. En réalité שבט
n'indique pas savant, mais : pouvoir, violence.

680. בתלמוד ארין ישראל, Strack *(Einleitung*, p. 62) tient cet ancien titre pour
le seul vrai. Les autres noms usuels sont תלמוד דמערבא ou גמרא. L'intitulation
employée presque généralement, mais non correcte suivant Strack, est תלמוד ירושלמי.
Ces trois expressions sont toutes appliquées pas les Gueonim. E. בירושלמי דכלאים
(ט ג) ובתובות (י״ב ג); II. דארין ישראל. 681. 281. ומפריש; ומפרישין.

682. 2. גרימהן de גרמא (ar. djirmoun), corpus, la substance corporelle d'une
personne. 683-84. Voy. Neubauer, p. 281.

685. 5. קרתא, au propre, pulvérisé, poussière. 686. רבה aîné = ר"ה ברבי.

687-89. Voy. Neubauer, 690. גויפתא (de נוף rudoyer) — hébr. גער, la
Nesipha, degré inférieur du ban que נידוי.

691. 8. בחילין dérive de אלין | הנ; ne se trouve pas dans le Talmud.
Gen. Rabba, 13 lit כל אנון. 692. Voy. Neubauer.

693. Cf. Thosaphoth, *Sanh.*, 31 b, v. הא. D'après Raschi (Sabb., 55 a, v. רישך
et Qidd., 44 b, v. הא) Ouqba n'aurait pas été Exilarque, mais vice-président du
Sanhédrin du temps de Samuel. Cf. aussi *Graetz*, IV, note 27.

694. Manque dans E. 695. E. הונא.

696. Employé à titre proverbial par Samuel vis-à-vis de son maître Juda comme

excuse de ne pas avoir mis fin aux violences de sa ville : Moi, ton chef (maître) n'incombe point le salut de la commune et je ne serai pas puni du chef des injustices ; celles-ci sont à charge de l'Exilarque, savoir Mar Ouqba, qui est du reste au-dessus de moi, et qui seul en subira les conséquences.

697. Cf. Graetz, IV, note 1. **698-703.** Voy. Neubauer, 15.

704. 21. לבי ישוע הבן. Thosaph. B. Qamma, 80 a, v. לב׳, mentionnent une interprétation d'après laquelle ישוע הבן signifierait le jour de naissance d'un nouveau-né. **705.** 24. נטרח. niphal de שרה ; Talmud נית״ה de ת״ה — אהר s'attarder, être en retard. **706.** 29₁. דהיא ; II. דמקרי. Cf. Graetz, *loc. cit.*, p. 253.

707-08. Voy. Neubauer, p. 29. **709.** C.-à-d. lorsqu'il constata que le peuple enfreignit des prescriptions rituelles, il défendit aussi ce qui était permis.

710-12. Voy. Neubauer. **713.** 9. פרוסבולא (= gr.), document dressé par des créanciers en présence de la justice, à la veille de l'année de relâche, afin qu'il leur soit permis de réclamer en tout temps les créances. **714-15.** Voy. Neubauer, 12.

716. Graetz justifie la leçon Vitry י׳ שנים. **717-20.** Voy. Neubauer.

721. 17. תלישר גמל׳ Thosaph. lisent, comme R. Chananél תרייסר גווילי, douze feuilles de parchemin écrites. **722.** טריפאתא, pl. de טריפתא ; Talmud טריפתא.

723-26. Voy. Neubauer.

727. Graetz, *(loc. cit.,* p. 271 et note 28), prend Papa b. Naçar et le palmyrénien Odenath pour une seule et même personne. E. מן au lieu de בן.

728-29. Voy. Neubauer. **730.** Scherira répète ici ce qui est déjà dit ci-dessus et ce dans l'intention de faire ressortir la préférence de Poumbaditha, la ville où se trouvait son académie. Comp., par contre, *Choullin,* 127 a : « si un Poumbadithien te reconduit, déménage ; » *B. Bathra,* 46 a : « les fourbes de Poumbaditha. »

731-33. Voy. Neubauer, p. 30. **734.** 6. איתעקר ; Talmud איעקרו, stérile (עקר), impotent ; parce qu'ils devaient, par suite de très longues conférences, retenir trop longtemps l'urine ce qui provoquerait la stérilité.

735. 7. Manque dans E. O. **736.** Il résulte clairement de ce passage que R. Yochanan fonctionna pendant 80 ans et nous ne comprenons pas comment Graetz *(loc. cit.,* note 1), Hamburger *(Realencyclopädie,* II, p. 273) et Strack *(Einleitung,* p. 89) ne lui laissent atteindre que ce même âge. Cf. Heilprin, *Séder ha-Doroth,* t. I, p. 162 et t. II, p. 201 ; Ibn Daud, *Sépher Haccabbala,* édit. Neubauer, p. 57 et קצור זכר צדיק, édit. Neubauer, p. 91.

737. P. V. תקע. **738-39.** Ainsi II. Voy. Neubauer.

740. Raschi Eroubin, 62 b, v. בבפרי, dit מקומו של ר״ה פ״ב ; Simon de Kinon (בריתות ס', édit. Amsterdam 1708, p. 20 b), ומתיבתא דר״ה בנהרדעא, est soutenu par Ibn Daud *(loc. cit.,* p. 58). **741.** Voy. Neubauer.

742. Nous lisons comme O.

743. Simon, on avait peur de descendre dans le tombeau de Chiyya, mais comme Chaga l'a cependant fait sans suites fâcheuses, on prétend que cette bonne action, de conduire un savant comme Houna à son repos éternel, l'a préservé de tout malheur ; c'est d'après la sentence de R. Elazar שלוחי מצוה אינן נזקין, *Ps.,* 8 b.

744-45. Voy. Neubauer. D'après Ibn Daud, *loc. cit.,* Houna aurait survécu au moins 11 ans à Juda.

746. E. ת״ב ; ברייתת ס', p. 20 b : ת״דיב. **747-50.** 21-22. V. Neubauer.

751. Voyez le texte, p. 17₈ et comp. *Responsa*, קהלת שלמה, p. 26.

752. Voy. Neubauer. 753. *Id.*, p. 31₂. 764. במה = כמי — כמיה, p. 231.

755. לגבי ; II. לות. 756. Nous lisons ici ובוטיה, au lieu de ובסוף יוטיה de notre texte. Cf. note 759. 757-58. Voy. Neubauer, p. 31₂.

759. Cette date ne saurait être exacte que pour autant que Rabba aurait été recteur pendant des années (env. 11 ans) déjà du vivant de R. Chisda, qui mourut en 620, ère des Sel. Graetz, t. IV, note 1, fixe la mort de Rabba en 645.

760. Manque dans E. Les Rabboth sont attribuées à ce Rabba, mais à tort, comme le prouve parfaitement Zunz, *G. V.*, p. 175. 761-65. Voy. Neubauer.

766. אכל ביה קורצא ici et souvent dans le Talmud : calomnier, au propre, mordre un morceau de quelqu'un = ar. akala lachman, manger la chair de quelqu'un. 767. כלה, au propre, les lois Divines qui furent données à Israël, « l'épouse de Dieu » *(Cant. cant.*, IV) ; E. ירחי דכל.

768. פריסתקא, ambassadeur perse.

769. פיתקא = syr., billet, feuille ; Talmud פיטקא ; E. פסתקא ; V. פיטקי.

770. Ainsi d'après II. ; notre texte רבה בר חייא, ce qui est faux, étant donné que ce docteur fut un contemporain de Samuel (mort en 254), voy. *Yebamoth*, 104 a, tandis que Rabba b. Nachmani, ainsi que Rabba b. Houna, est compté parmi la 3ᵐᵉ génération des Amoraïm babyl. Cf. Strack, p. 91.

771. Graetz, *loc. cit.*, p. 328, croit que ce R. Joseph aurait complété la traduction chald. des Prophètes. Cf., par contre, *Thosaph. B. Qamma*, 3 b, v. כדמתרגם et passim et Zunz, *G, V.*, p. 65.

772. Sur ce nom, cf. הדורות 'ס v. אבי.

773. Selon Graetz, *loc. cit.*, p. 329 et Strack, p. 92 seulement cinq ans ; II. י"ד.

774. Nous lisons, comme O., ט"מ ce qui correspond avec ce qui est dit qu'Abayi fonctionnait treize ans après R. Joseph, qui mourut en 634. Notre texte תרמט ; M. סג ; תרס' : ס' כריתות.

775. Manque dans E. Scherira définit ce mot par tronc, tire-lire. Raschi, par contre, le tient pour trompette = שופר, pour annoncer le commencement du Sabbat.

776-78. Voy. Neubauer. 779. Voy. la variante dans le Talmud.

780. C.-à-d. les docteurs des deux académies, Sora et Poumbaditha, ainsi expressément *Vouchasin*, p. 132 b. 781-83. Voy. Neubauer.

784. Ici comme souvent ריש מתיבתא = גאון. 785. 321. הי' נפישא ; II. הוה פישיטא. 786. ואיתקיים, itph. de קום sans assimil. du ת se présentant souvent chez les Gueonim, p. ex., *Resp.*, éd. Harkavy, § 436 איתכוונית ; II. איקיימא.

787-90. Voy. Neubauer, p. 32₂.

791. Fürst (*Literaturblatt des Orients*, 1848, p. 19, note 652) transfère cet événement à l'année 355, après la mort de R. Nachman b. Isaac.

792-803. Voy. Neubauer. 804. *Id.* 23. La fête annuelle des Exilarques avait lieu autrefois à Nehardéa, puis à Poumbaditha et est maintenant introduite, par R. Aschi, à Sora. 805-07. Voy. Neubauer, p. 331.

808. 5. חרבה ; E. אהרבה. Cf. *L. B. des Orients*, p. 42, note 678.

809-12. Voy. Neubauer 813. 10. מעיק, part. aph. de עוק (ar. āka), opprimer, tourmenter. 814. דבי נשיאה, au propre, Nassi ; ici Exilarque. Cf. *Choullin*, 124 a נחמן חתניה דבי נשיאה. 815-16. Voy. Neuqauer.

817. 12. בוסתנא׳: II. בוסתאנא׳. Cf. *Resp.*, שערי צדק, § 17; *fragment dans
The Jewish Quaterly Review*, nº 54, p. 244 בוסתאנאי. **818-24.** Voy. Neubauer.
825. *Id.* 19-20. On pourrait en conclure que jadis le Talmud existait sur tous
les (60) traités de la Mischna. Qu'il y avait la Guemara sur Taharoth est prouvé
par l'expression והיינן בה (*Sabbath*, 112 a et passim) qui renvoie à une Baraïtha,
ainsi que par la phrase אין קא מתנינן בעוקצין תלים־ מתיבתא. (*Sanhédrin*, 166
b et passim), quoique Strack, *loc. cit.*, p. 67, prétend que nulle part on ne trouve
la moindre trace de son existence. **826-30.** Voy. Neubauer.

831. D'après Graetz, IV, p. 372, Yesdegerd III. **832-33.** Voy. Neubauer, p. 341.

834. 3. סוף הוראה, au propre, la clôture de l'enseignement, ainsi nommé parce
que les docteurs de l'époque suivante n'étaient plus de réels *professeurs* (אמורא׳),
mais simplement des *interprètes*. **835.** 4. ובאילין שני : G. ואלין שני.

836. Cf. Fürst, *loc. cit.*, p. 108, note 765.

837. Voy., par contre, Graetz, note 1, nº 27. **838-40.** Voy. Neubauer.
D'après Ibn Dand, תשט"ו serait la plus juste, étant donné qu'il laisse Nichoumaï
en fonctions treize ans après Raphrém, qui mourut en 754. Voy. aussi Fürst,
p. 518, note 834. **841.** P. חמא. Cf. Fürst, note 835.

842. 8. בספר׳; H. בספר. **813.** Fürst, p. 6, explique ce passage : une cohorte
romaine vint et enleva Yesdegerd, point en guerre, mais de sa propre maison
בבית מישטבו. Fürst entend ici par « dragon » l'étendard des Romains (dracones),
parce que de loin ils avaient l'aspect de dragons volants. Cf. *Revue des Etudes
juives*, t. XLI, p. 180. **844-46.** Voy. Neubauer.

847. איתאסרו. Cette forme ne se présenterait pas dans le Talmud ; mais
contractée איתסר׳, *Nedarim*, 79 b et passim, dans la signification : être défendu ;
par contre, souvent dans le Tharg., comme איתאסר, être lié, *Gen.*, XLII, 19 et
passim, fréquemment chez les Gueonim. Cf. *Responsa*, édit. Musaphia, § 82
אתמאסר. Cf. Neubauer, pp. 33, 34 et suivantes.

848-50. Voy. Neubauer ; mieux serait, avec II. תשפה, comme l'ensemble le
prouve. **851.** 12. איתסרו ═══ איסתרו ithp. contr. de סתר, démolir. Partout
ailleurs nous ne rencontrons de cette racine que des formes régulières d'ithp. = hébr.

852. בני ; E. ב׳ ; II. יניק. **853.** ואיתנקטו, ithp. de נקט, au propre, ils se
réunirent. La persécution avait donc un caractère religieux et a une ressemblance
avec celle du Portugal (en 1495), où l'on délivrait les enfants aux prêtres catholiques.

854-55. Voy. Neubauer. **856-59.** *Id.*, p. 341₁₃₋₁₅.

860. דיינא דבבא, au propre, juge de la porte ═ Ab-béth-Din, ainsi nommé
d'après l'usage antique d'établir les tribunaux aux portes des villes *(Deut.*, 25₇).
Cf. *Responsa*, édit. Harkavy, § 544 et pp. 359, 377. H. ד׳ רברבא.

861. W. בחד בישבת. **862.** V. Neubauer. **863.** W. incorrect דמתחלפין.

864-72. Voy. Neubauer. **873.** 35₂. ואוחיבי מתיבתא, devrait être amendé en
ואתי ב׳ מ׳, venir aux académies, part. act. qual de אתא. La forme donnée dans
le texte devrait être inf. aph. de יתב, ce qui, toutefois, serait impossible entre
deux participes למקבע ... מדבר, puisque toute la proposition est subordonnée à
ולא הוו יבילין. **874-75.** Voy. Neubauer.

876. Anbara sur l'Euphrate, 10 parasanges de Bagdad.

877-79. Voy. Neubauer, p. 354. **880.** 6, ajoute הורנו; E. סורנו. Neubauer pense ici à חורנו. beau-fils; nous voyons ce mot comme syn. de קנגנו. de l'hébr. חרר. Cela résulte ainsi de ce qui suit: R. Mari est appelé ici קנגנו et deux lignes plus loin חורנו. 881. נודע : Youchasin נקרא. 882-89 Voy. Neubauer.

890. Voy. Neubauer, 10-11. Cela se passa en 658. Graetz, t. V, p. 115, croit, Ali aurait accordé, à l'occasion de cette réception, le titre de Gaon à Mar Isaac. Seulement Scherira, ainsi que d'autres chronographes, citent déjà quelques Gueonim avant Mar Isaac et cela Chanan d'Iskiya, comme étant le premier. Graetz tient faussement Mar Isaac comme Gaon de Sora.

891. Cette institution s'appelle תקנת מורדת, institution pour une femme infidèle, et l'attestation אגרת מרד (plus correct serait מורדת 'א). *Resp.*, édit. Kassel, § 91.— Par là la loi talmudique fut abolie d'après laquelle l'époux ne pouvait être forcé de divorcer sa femme sur demande ; mais seulement si. après une espace de 12 mois —— pendant quel terme il ne devait pas la nourrir —— elle persistait à ne pas vouloir vivre avec lui. D'après ce décret, la femme, si elle déclarait ne pas pouvoir habiter avec son mari, pouvait exiger la séparation sans que cela lui causa le moindre préjudice, vu qu'alors son époux était forcé de se prêter à la séparation. Cf. *Kethouboth*, 63 b, *Thosaphoth*, ibid., *Ascheri*, c. 35 et *Resp.*, édit. Harkavy, § 230. La domination d'islam donnait lieu à ce décret. Le coran autorisait les femmes de solliciter le divorce, et les épouses mécontentes s'adressaient à la justice mahométane et extorquaient, sans dommage, la séparation. Cf. *Resp.*, édit. Kassel, § 91.

892-902. Voy. Neubauer, 12-13. 903. 20. דאיק"י. il était nommé; faux et manque à juste dans H. E. Cf. l'Introduction, p. XL.

904. O, שטרונא'. 905. E. אל אמונה. 906. Cf, Rappaport, *Biccouré ha-Ittim*, 10e année, p. 38, note 32.

907. 21. תותירא ביא == תיורא, pont. Cf. Resp. *Schaaré Theschouba*, § 153, Arouch, v. תתר et Thosaph. *Mench.*, 35 a, v. תיתורא: voy. p. 361.

908. 363. H. ישבעים. 909. P. p. V. ע"ה. 910. O. p. ב"ב.

911. אחתיה, aph. de נחת, descendre, (== pi. hébr.) terrasser; de là : destituer quelqu'un de son emploi. Précédent על. il signifie : avancer, préférer quelqu'un. Voy. note 1002. 912. Ainsi la vraie leçon; cf. Graetz, V, note 12; G. חביבא : E. חביני. 913-16. Voy. Neubauer, p. 365-6.

917. 7. לשערב, Maghreb == Kairouan; Cf. *Resp.*, édit. Harkavy, §§ 37, 48, 59, 63, 325 ; Weiss, *Zur Geschichte*, IV, p. 29, note, croit que ce mot signifie Palestine. Par rapport au motif de la destitution de Natrouaï, cf. Weiss, *loc. cit.*

918-24. Voy. Neubauer.

925. Par ceci une loi talmudique était de nouveau abolie. L'institution gaonique (qui prit naissance en 1098, ère des Sél. == 787 ère chrétienne, cf. Isaac Albargaloni, שערי שבועה, § 13) fut revêtue du sceau de l'Exilarque, de celui des Gueonim, envoyée aux communes israélites, avec la remarque, que chaque juge qui ne s'y conformerait pas serait destitué, 926. Cf. Neubauer, pp. 354-361.

927. 11. גובאי, Gobéen (de גוביא Gobya, localité en Babylonie). Talmud pal. Kethouboth, IX, 35 a גובני; Berakhoth, 17 b, pl. גובאי. Cf. *Resp.*, édit. Harkavy, § 399 et p. 379. Notre texte ajoute encore l'incompréhensible מן בני בי עקובה; O. manque בני et II. בי; E. עוקבא. 928. 13. לדין לגא לן.

929. 1. manque. 930. 13. בהן תפובאתתא ושריאתא (O. II. אית והיה) ואית.

au propre: il y a parmi eux la fausseté et l'ébranlement. תהפכתא, pl. de תהפוכתא
(avec ה assim.), cf. Tharg., *Prov.*, 23₃₃; טרייתא, pl. de טרי. Tharg. j. *Deut.*, 11₁₆
טרייתא mobilia; E. תופנתא וטרייתא; H. תופכתא וטרייתא.

931-39. V. Neubauer, 36₁₅-₂₀ et p. 188.

940. Notre texte (dernière ligne) dit ici למ רב ימ, ce qui manque dans H.
et doit être biffé ou amendé en למר רב שמואל; cf. *Resp.*, éd . Harkavy, p. 357

941-47. Voy. Neubauer, p. 36₂₂-37₃.

948. 5. מאור עינם, au propre: clairvoyant, euphémisme pour aveugle, comme
Chaguiga, 5 b. Comp. la locution סגי נהורא se présentait fréquemment dans le
Talmud. Dans le même sens ברק. מפתחא. Par là on fait ressortir que quoique
aveugle, R. Yehoudaï n'avait même pu être simple juge, nonobstant cela il fut élevé
au grade de recteur de l'académie où il fonctionnait comme président de la justice.

949-51. Voy. Neubauer. **952.** 6. נפק est incomplet et doit être complété
par עין. Cf. Ibn Gaud, *Sépher Haccabbala*, p. 63. **953-58.** Voy. Neubauer.

959. 11. תמת, st. constr. de תמה, au propre: la fin de,.. la perfection de..;
comp. l'hébr. תמת ישרים, la perfection ou l'innocence des hommes honnêtes.
(*Ps.*, XI, 3). Cf. aussi *Resp.*, édit. Haakavy, § 230 ער תמת י' שנים.

960. Ritter, *Geogr. Lexicon*, dit : Kelwad est distancé de deux pharanges,
3 heures de Bagdad, 6 heures de Nahrowan.

961-67. Voy. Neubauer. **968.** 18. יתיב — סיב ואישתף, il était assis. Ce
mot ne pourrait signifier ici : vieillard. — Aph. de שטף nous ne rencontrons nulle
part, mais bien Qal en signification : être approfondi; cf. *Ber. pal.*, IX, 14 b.

969. 19. אירוח, aph. de tharg. רוח faire grande espace, espacer.

970-81. Voy. Neubauar. **982.** 38₃. פיסו; E. נתפיסו. Dans le suivant nous
lisons, comme G. כתאוי, pl. de כתא, rang, parti, anal. סאה, pl. סאוי (*Pes.*, 113 a,
M. Q. 12 a). כתאיבה de notre texte sera peut-être composé (= hébr. צלמות) de
בת + איבה, partie adverse, ennemie; O. manque.

983-92. Voy. Neubauer, p. 384 s.

993. 8. ראשי מתיבתא (mieux: אמרי) כד אמר להון; d'autres ליה הכי. —
Le peuple déplorait la désunion et le désordre qui se manifestaient par la fonction
de deux recteurs dans une seule académie, ce qui n'avait jamais existé auparavant.

994. אזדעזע, ithp. de pilp. זעזע (de זע), être secoué, trembler.

995-1001. Voy. Neubauer. **1002.** 11. ואחתוהי על (aph. de נחת, au propre:
destituer, révoquer), on le préférait; comp. *Tharg. Deut.*, XXVIII, 56 לאחתא על ארעא;
E. בדיל au lieu de על. Mieux serait peut-être... ואחתוהי למר, on révoquait Mar
R. Joseph ? **1003.** Voy. Neubauer. **1004.** *Id.* — קשא ל, être difficile à...;
ici fig. : offenser. **1005-22.** Voy. Neubauer, p. 38₁₅-39₈.

1023. 10, ajoute דליבא לסמוך עליהון. Graetz *Monatsschrift für G. u. W. d. J.*,
1857, p. 341), semble comprendre par cette phrase obscure : qu'il n'y avait pas
d'Exilarque pour nommer un Gaon. O. בינהון.

1024-47. Voy. Neubauer, p. 39.

1048. 40₁. בפיומי: E. בפתומי. Harkavy, *Studien und Mitteilungen*, V, *Leben
und Werke des Saadjah Gaon*, p. 1, note 2), dit que Saadjah, dans sa traduction
arabe, Ex. I, 11, traduit sa ville פיתם par פיום, seuls les Caraïtes auraient employé
l'expression פתומי (de פתם, fou) comme injure. **1049-52.** Voy. Neubauer.

1053. Ibn Daud, במו שבע שנים. Graetz, *Monatsschrift*, p. 261, dit : 4 ans.

1054-58. Noy. Neubauer, p. 407-14.

1059. Notre texte erroné ר"א. Nous lisons ר"ט parce que Scherira dit, p. 394, ובתריה בישנת מאתים וחד מר רב האיי בר מר דוד שבע שנין ופלגא; E. בט ובמני סרי. 1060-69. Voy. Neubauer. 1070. 411. Nous lisons ici avec E. בדלא רבא; notre texte בדרא רבא. 1071-77. Voy. Neubauer, p. 411-9.

1078. בר דוד est l'expression usuelle chez les Gueonim pour Messie, comme souvent dans Thana debé Eliyahau. 1079 O. תם תם תם תם; D. p. 401₅ jusqu'à la fin ואהריו מר רב יהודה גאון ונפטר באדר שנת ר"כה. ואהריו בישנת ר"לה נפטר מר רב מבטר גאון ואתו רבנן לות כהן צדק ונפטר בישנת ר"מו, ואחריו מר רב צמה בר מר רב כפנאי ב' שנים וחצי בראש שנת ר"מ"ט. ואחריו מר רב חנניה גאון בריה דרב יהודה גאון חמיש שנים וחצי ונפטר בישנת ר"נד. ואחריו איסתמיך מר רב אהרן בר מר רב יוסף הכהן ולא מבני רבנן הוה אלא מן תאגרי, ימי ר' מבטר גאון הוה סמכיה בדאדי רבא במתיבתא דלא הוה ראי לגאונות בת' גאון אביבא אלא דוכתא הוה למר רב עמרם אהי אמגו בריה דרב מישוי וקפין עלה מר רב אהרן והוה זע מאד ודחיל מיניה מר רב עמרם א"ב ואול לקמיה. ואהר בן פליג עלה מר רב נהמיה בר מר רב כהן צדק בת' דיתיב קמיה ומר רב אהרן הוה עויף מיניה ולא פירשו רבנן מן מר רב אהרן. ואהר שמת מר רב אהרן בסוף שנת רי"א הדרו מקצת רבנן לקמיה מר נהמיה ואנחנו ורבנן נפישא דילנא לא אשיינא עימיה ולא אזלינא לקמיה והוינא כההוא עידנא אב בית דין ולא קבילנא גאונות עד שנפטר. ובשנת ר"ע אסתמיכנא בגאונות וסמבינא להאי בגנו באבות בית דין מן שעור שני שנים: ובשנת ר"צה איסתמיך אדוננו האיי באבות בית דין ובשנת יט"טז נסמך בגאונות. ונפטר אדוננו שרירא בתישרי שנת שיין כלל שני מלבותו ל"ה. ובשנת יט"טט נפטר אדננו האיי בניסן כלל שני מלבותו ל"ד שנה ונפטר אדננו שמואל הכהן בן אדננו הפני בחדש אב שנת יט"כד. ונפטר בנו אדננו שמואל הכהן גאון ליל חמישי הריש כסלו שנת ש"מה . . . . :

Les dernières lignes sont naturellement d'origine plus recente. Harkavy croit qu'elles proviennent de Ibn-Nagdila (Samuel ha-Naguid).

Un autre extrait dit : בישנת תיר'צה נפטר רב כהן צדק. בישנת תש"א נפטר רב הגינא אבי רב שרירא. בישנת תש"ב נפטר רב אהרן הכהן סרגאדא. בישנת א שימט לשטרות יטהיא שנת תישצה לעולם נפטר רב האיי גאון והיו חיי צ"ט . . . . :